シャイン博士が語る キャリア・カウンセリングの進め方

〈キャリア・アンカー〉の正しい使用法

【著者】
エドガー H. シャイン
Edger H. Schein

尾川丈一
Joichi Ogawa

石川大雅
Taiga Ishikawa

【訳者】
松本美央
小沼勢矢

東京 白桃書房 神田

はじめに

　エドガー H. シャインには，個人，グループ，組織，それぞれについて素晴らしい著作がありますが，日本では，それらの理論がバラバラにそれぞれの各分野の専門家だけに知られているといった状況です。しかし，個人，グループ，組織は互いに影響し合って存在するものであり，それらすべてを包括したマクロ的な視点で物事を捉えることこそ，シャイン理論の真骨頂ともいえます。

　本書は，2015年6月28日から7月2日にかけてアメリカのカリフォルニアで行われた，日本人キャリア・カウンセラーのためのエドガー H. シャインによるワークショップ（主催：株式会社プロセス・コンサルテーション）が基になっています。個人，グループ，組織の3つの視点をカバーする内容をシャイン自身が日本人向けに解説しており，キャリア・カウンセラーの皆さんはもちろん，キャリアや組織について学びたい一般の方々にも十分に役に立つ内容となっています。

　まず，第1章では，キャリア・アンカーの理論をいま一度しっかりと確認します。

　個人が自分のキャリアを選択しなければならない場面に直面したとき，いったい何をよりどころにすればよいのでしょうか。キャリア・アンカーはその1つの答えとして，自分が本当に価値を置いていることは何かを知るための非常に有用なツールです。

　エドガー H. シャインの理論の中でも，キャリア・アンカーは日本でもよく知られ，利用されている概念です。しかし，その本質が正しく理解され使われているかについては，はなはだ疑問が残ります。例えば，

1

社会経験で様々な選択を繰り返す中で徐々に明確になってくるキャリア・アンカーという概念を社会経験の乏しい学生が自己のキャリアを考える際に使用するのは，本来的には誤りであるといえるでしょう。

　キャリア・アンカーについてはすでに様々な解説書が出ていますが，とくに日本人がキャリア・アンカーを活用する際の注意点がよく分かるようにということに留意してまとめられた，シャイン自身による解説書であるという点が本書の特長です。

　第2章には，個人と組織の間にはどのようなダイナミクス（力学）が働いているか，何がそのダイナミクスに影響を与えているのか，そして，そのダイナミクスが個人のキャリアにどう作用しているのかということ，続く第3章では，個人と組織のマッチングを図るための具体的な方法が提示されています。

　個人を知らずに組織を，組織を知らずに個人を知ることはできません。グローバル化やIT化をはじめとする急速な変化や，多様化の進む現在の状況においては，このような視点を持つことがさらに重要になっていくでしょう。

　本書が読者にとってその一助になることを祈念しております。

　　2016年11月

エドガー　H. シャイン

尾川　丈一

石川　大雅

目　　次

はじめに ………………………………………………………………………… 1

第1章　キャリア・アンカーによって自分を知る ——— 5

キャリア・アンカーという概念の起源 ………………………………… 6

キャリア・アンカーの構成要素 ………………………………………… 8

キャリア・アンカーの成立過程 ………………………………………… 9

キャリア・アンカーの種類 ……………………………………………… 10

キャリア・アンカーと職種 ……………………………………………… 23

キャリア・アンカーの診断方法 ………………………………………… 24

なぜ自分のキャリア・アンカーを知っておくべきなのか …………… 26

8種類以外のキャリア・アンカーはあるのか ………………………… 27

キャリア・アンカーは変化するか ……………………………………… 27

キャリア・アンカーの目標 ……………………………………………… 28

キャリアに関する新たなスキルの必要性 ……………………………… 29

新たなスキルはどのようにして得られるのか ………………………… 30

第2章　ジョブ・ロール・アナリシスによる個人と組織の マッチング ——————————————— 33

マッチング・プロセスの向上に必要なもの …………………………… 34

マッチングのジレンマ …………………………………………………… 34

アルコア社の事例 ………………………………………………………… 35

ジョブ・ロール・アナリシス …………………………………………… 37

3

ロール・マップ（役割マップ）の作成 ·············· 38

ロール・マップの分析 ··································· 40

ロール・マップとキャリア・アンカー ··············· 43

ジョブ・ロール・プランニング ······················· 43

マネジャー向けのジョブ・ロール・プランニング ·········· 46

ジョブ・ロール・プランニングと組織文化のアセスメント ······· 49

第3章　キャリア・ダイナミクスとマッチングのプロセス
―――――――――――――――――――――――――― 51

個人と組織のマッチングの問題 ······················ 52

キャリア・ダイナミクスの要素 ······················ 52

キャリア発達のシステム ····························· 57

内的キャリアと外的キャリア ························· 59

社会システムとキャリア：シンガポールの事例 ··········· 62

個人と組織の求めるもの ····························· 65

マッチング・プロセス ······························· 67

何がミスマッチを引き起こすのか ···················· 68

まとめ ··· 71

座談会　ポスト・キャリア・アンカー：
これからのキャリア・カウンセラーの役割 ――――――――― 73

社会学的なキャリア研究の重要性（74）　組織社会化のアウトソーシング（74）　心の安息地を与えるために（76）　リーダーシップ信仰からの脱却を（77）　日本の変化：キャリアの不連続（78）どのキャリア・アンカーにも価値がある（79）

第 **1** 章

キャリア・アンカーに
よって自分を知る

シャインが語る Knowing Yourself

クライアントが自身のキャリアで本当に求めているものは何かをはっきりさせるためには，どのような援助を行えばよいのでしょうか。キャリア・アンカーは，このような場面で個人の分析をするのに役立つツールです。

キャリア・アンカーという概念の起源

　私のキャリア・アンカー研究のそもそもは，若い従業員が会社に入った時，企業の価値観，仕事の流れといったものをどのように身につけていくかを調査するのが目的でした。私は，自分の教え子である MIT のスローン経営大学院修了生 45 名に対して，卒業まぎわに様々なインタビューやテストを行い，彼らがキャリアに何を求めているかを調べようとしました。そうしたところ，皆さんも予想されたでしょうが，会社の中で高い地位に就きたいとか，お金を儲けたいとか，権力を持ちたいといったようなことを求める傾向が見えてきました。その後，彼らは卒業し 45 通りの企業に入社しました。私は，彼らがそれぞれの会社でどのように価値観やルールを身につけさせられ，その会社の文化に馴染まされていくかの継続調査をしました。具体的には，彼らの上司や同僚にインタビューを行い，彼らが会社から影響を受けていくプロセスを調べたわけです。

　当時の私は，文化への順応には 1 年ほどで十分だろうと考えていたので，1 年後に 45 名に再インタビューを行いました。ところが調査の結果，会社の価値観に教化され影響を受けていたのは，たったの 6，7 人程度だったのです。しかもまだ 1 年しか経っていないにもかかわらず，1 社目を辞め 2 社目に転職していたり，会社勤めそのものを止めていた

6

り，大学に戻ったりといった傾向がみてとれたのです。つまり，会社で高い地位を得たいと言っていた人々が，ほんの1年の間に「自分が本当に求めていたのはこれだったのか？」と疑問を持つようになっていたのです。そこで私は企業文化による教化という研究を中止し，もっと個人の視点から，人々が自身のキャリアをどう発展させていくのかを調査することにしました。

　そこでさらに5年後に，彼らにこの5年間のキャリアがどのようなものであったかというアンケートを行いました。その結果，そこには特定の傾向はなく，それぞれが多種多様な会社や職種を経てきているということがわかりました。その次の調査は13年後に行いました。45名の学生は30代も半ばになり，自身のキャリアがだんだんと固まってきていました。彼らに一人ずつMITに来てもらい，綿密なテストを行うとともに，大学院修了後13年間のキャリアの変遷についてインタビューをしました。そこで彼らと話すために開発したキャリア・インタビューというツールを用いて，具体的に質問をしていきました。まず「何をしてきたか？」ということ，次に「どうしてそれをしたのか？」ということ，つまり「どういう理由で何をしたのか？」ということを聞き，実際のキャリアの変遷を明らかにしていきました。図1-1のインタビューの手順は，当時のオリジナルです。

　教え子たちは大学院修了当初，皆が一様に自分の会社のCEOになることを望んでいました。しかし13年後の調査では，それぞれが多種多様なキャリアを歩んでいました。マネジメントの道を進んできた人もいましたし，技術職に就いた人もいましたし，仕事ということは全く何もしていない人もおり，45名の仕事に共通のパターンというものは皆無でした。

　そのような彼らをインタビューする中で私は，大学院修了後の生活や仕事の実体験によって，彼らのキャリアに関するセルフ・イメージが形成され，それがキャリア選択の際の道しるべや，足かせとなっていること

```
1. どこの地域の学校に通っていましたか？　どの科目が好きでした
   か？　その理由は？
                              ⇩
2. 最初の仕事は何ですか？　なぜその仕事を選んだのですか？
   その仕事に就いてよかった点・よくなかった点は何でしたか？
                              ⇩
3. 次に就いた仕事は何でしたか？　その仕事を選んだ理由は？
   その仕事に就いてよかったこと・悪かったことは何でしたか？
                              ⇩
4. 次の仕事は？（……とすべての仕事について聞いていく）
                              ⇩
5. 将来の仕事についてどんな考えを持ってますか？
   そのように考える理由は？
```

図 1-1　キャリア・アンカーの元となった研究でのインタビュー手順

とに気づいたのです。またそれらはいくつかのタイプに分けられるよう
でした。私は，そのようなセルフ・イメージを，船の錨（アンカー）に
なぞらえてキャリア・アンカーと名づけました。

キャリア・アンカーの構成要素

　私はインタビューの中で，彼らのセルフ・イメージが，①スキルや能
力領域，②動機と目標，③価値観という3つの要素によって構成されて
いることに気づきました。彼らは実社会での13年のキャリアを経て，
自分自身の得意なことやできることがどういうものか，よく分かってい
ました。自分がキャリアに望むことや，どういった動機を持っているか
についても，よく理解していました。そして最も重要なのは，どのよう
なキャリアを望むかということに影響する価値観というものができてい
たということです。

8

キャリア・アンカーの成立過程

　45名の教え子たちは，学びというものは，大学院を出てからも実経験の中で続いていくものだということを私に教えてくれました。人は，キャリアについての自分の考え方を一度にすべて理解するのではありません。それは時間をかけて，次第に分かっていくものなのです。

　自分が何を求めていて，何が得意で，どういった価値観を持っているのかということは，社会での実際の経験からのフィードバックによって，はっきりしていくものです。経験を積めば積むほど，自分自身についての概念がより明確になっていくのです。

　教え子の中に，食品製造会社に入社した人がいました。彼が MIT の大学院を修了して最初にした仕事は，自社の新製品の分析でした。彼は，新製品を調べ，発がん性を持つ化学成分が含まれていることに気づきました。彼は自分がこの発見をしたことを非常に誇らしく思い，上司にそれを報告に行きました。しかし，彼の上司は「それは素晴らしい発見だが，公にすることはできない」と言いました。「この製品はすでに別の人間が調べ，安全性が確認されている。だから，この結果は公表せずに，忘れてほしい」と言うのです。彼は大変誠実な人間であり，そのようなことは到底できませんでした。この話から，彼が本当は何を重要だと思っているかということが分かります。人は，必ずしも自分の価値観に気づいているわけではありません。このように，何かしらそれを脅かすようなことが起きて初めて気づくこともあるのです。

　キャリア・アンカーが他の概念と異なっているのは，その成り立ちから分かるように，キャリアの中盤以降に適応される概念だということです。学生にはキャリア・アンカーはありません。彼らはすべてがベストであることを望んでいます。歳を重ね，経験を積むことによって初めて，自分が本当はどういう人間であるのかが分かるようになるのです。

私の教え子たちは，インタビューの中でこのような言い方をしていました，「自分がどのような仕事が好きなのか，気がついたのです」と。ですから，キャリア・アンカーの概念は，学生ではなく，大人のキャリアを分析する際に力を発揮するものなのです。

キャリア・アンカーの種類

　私は，45名のインタビューを聞く中で，それをいくつかの種類に分けられることに気がつきました。そこで，どのような価値観を持っているか，何が得意だと思っているかといった発言を基に，彼らをいくつかのグループに分ける作業を始めました。最初に行った調査では5つの分類を発見しました[*1]が，後の調査でそれは8つになりました[*2]。それぞれのタイプは，異なった報酬，インセンティブ，仕事の種類を望んでいる人々ということです。

　キャリア・アンカーと実際の仕事やキャリアの状況が一致しているというのが，理想的な状態です。それが一致していない場合，その人はあまり幸せではないし，生産性も上がりません。

　実際の調査から発見された概念であるということは，キャリア・アンカーの大きな特徴の1つです。私は，どのようにアンカーを分類していったらよいかといった理論を，前もって持っていたわけではありません。しかし，インタビューを通して，結果的に，適性，動機，価値観などでそれぞれ共通点を持つ人々のグループが発見されたということです。

　以下に，キャリア・アンカーの8つのタイプを説明します。

【専門・職能別コンピタンス】

　45名のおよそ半数を占めた，最も人数の多かったグループです。これを，専門・職能別コンピタンスと名づけました。このアンカーの人たちは，自分の得意な分野において，さらに能力を伸ばしていきたいと思っています。例えば，エンジニアやセールスマン，エコノミストなどの職についていることが多く，そして，自分自身の仕事を愛しています。

　また，彼らは自分と同程度の能力を持った人と同じくらいの報酬を得たいと思っています。もし中レベルのエンジニアならば，世間で自分と同じ中レベルのエンジニアが貰っているのと同程度の給与が自分にもふさわしいと考えます。つまり，給与については，高いかどうかというよりも，公平であるかどうかということが重要なのです。自分と異なった専門分野，例えばマネジメントの職に就いている友人が自分よりも高い給与を貰っていたとしても，構いません。しかし，他社で自分と同じような仕事をしている人が自分よりも高い給与を貰っていたとしたら，不公平だと感じます。

　このアンカーの人にとって最も重要なのは，自分の専門能力を成長させるような仕事の機会を得ることです。彼らは自分の専門領域でどんどん挑戦をしていきたいと思っています。また，上司から認められるよりも，同じ専門分野の人々から評価されたいと思っています。自分の仕事をきちんと理解していない上司に褒められても，あまり意味が無いと考えています。それならば，同じ専門領域の自分の部下に評価される方が，ずっと意味のあることなのです。専門家として認められることは，彼らにとって非常に重要なことです。ただし，こういった専門分野では，専門家として認められることが，すぐさま高い給与につながるわけではありません。

私たち夫婦がベルギーを旅行中，レストランでゼネラル・エレクトリック社のエンジニアに出会いました。彼は，ブリュッセルで開かれる国際科学会議に出席することを非常に誇らしく思っていると話してくれました。会社が彼をこの会議に派遣しただけではなく，彼の妻を伴う費用まで出してくれたことで，会社が自分を認めてくれているのだと感じたと言っていました。

　私も教鞭を執る大学の教授として，このようなちょっとした報酬の持つ意味の大きさはよく分かります。MIT には，教授と産業界の人々とが会合するというプログラムがあります。それぞれの会合に出席するごとに，ポイントが 2 ポイントずつ付き，1 年間で 10 ポイント貯めれば，研究費が 1000 ドル支給されるというきまりでした。その 1000 ドルは自分に直接支払われるのではありませんが，研究助手を雇うのに使うことができました。この 1000 ドルという金額はそれほど巨額というわけではありませんが，これに取り組んでみると，その報酬が会合に出るモチベーションに大きく影響することが分かりました。

　このアンカーの人をカウンセリングする際のポイントは，彼らは，管理職への昇進を望まないということです。管理職になると，ゼネラリストになることが求められ，自分の専門分野だけで働くことは諦めなければならないからです。ですから，キャリア・カウンセリングをしていて，上司から管理職への昇進をもちかけられたなどという話が出たら，非常に慎重に対処しなければなりません。そのような時は，「本当に管理職になりたいのですか，それとも，自分の専門分野にとどまりたいと思いますか？」という質問をすべきでしょう。

　例えば，私の教え子で経理の専門家がいました。彼は，会計や金融関係の様々なキャリアを積んできていました。私が彼に，理想の仕事とはどういうものかと尋ねると，彼は「アメリカの財務長官か，大企業のCFO になりたい」と答えました。私が「政府の長である大統領や，会

社のCEOにはなりたくないのですか？」と聞くと，彼は「絶対に嫌です」と言いました。その理由は「そのような立場になると，人を管理したり，政治を行ったり，人間に関わらなくてはいけないから」だそうです。彼は「私はただお金だけを管理したいのです」と言いました。私が「でも，CFOになれば，自分の多くの部下を管理しなければならないのでは？」と聞くと，彼は「それはそうですが，その場合の部下たちは皆，私と同じような人間ですから」と答えました。つまり彼は，自分とは異なる専門分野の仕事をしている人を管理したくないということです。同様に，エンジニアは，同じ専門分野の他のエンジニアの指導をすることはよくても，ゼネラリストになることは嫌います。私自身も，以前，MITの経営大学院の学部長になるよう依頼され，断ったことがあります。学部長になるということは，自分の専門分野で科学的研究を続けるのを諦めることを意味するからです。しかし，自分の専門分野の学科長にならないかと言われた時には，それを引き受けました。その部門内ならば，自分と同じような人たちしかいないからです。

　私の教え子たちも，このアンカーの人たちは，マネジャーという職を避けています。その中の1人は，アメリカの大企業の子会社であるフランスの企業のチーフ・エンジニアをしていました。彼は，フランスのエンジニア部門を非常にうまく管理していましたが，いつかフランスの会社の社長になるよう言われるのではないかということを，とても恐れていました。そこで彼は，アメリカの親会社の上司に手紙を書き，「私を社長にすることは避けてほしい」と頼みました。数年後に会った時，彼は，依然，製造部門のシニア・エンジニアをしていました。

　ただ，人は，時には自分のアンカーに外れたことをしなくてはならないこともあります。ゼネラル・フーズ社のコーヒー部門の前社長は，優秀なマーケティングの専門家で，マックスウェル・ハウスというコーヒーの会社を成功させてきた人物でした。その後，本社のマーケティング部門長となった彼と私が会った時，長らく大企業の社長という職に

あったのに，今や彼の部下は1人，秘書も1人きりでした。私は彼に「社長という職から，マーケティングという企業の一部門長への異動には，がっくりきたのではないですか？」と聞きました。彼は「いいえ，私は今とても幸せです。私はいつだってマーケティングの人間でしたので」と答えました。「私は社長職をこなしてはいましたが，あまり楽しくはなかったのです。今のように全社的なマーケティングの提案をしている方が幸せなのです」と。

　今日の社会は，専門化が進んでそれぞれがより複雑になっていっています。どの組織も技術的な分野ではより専門性の高いスペシャリストを求めると同時に，こういったスペシャリストのマネジメントが大きな課題になりつつあります。そこで，会社によっては一様に管理職へ昇進させるのではなく，「デュアル・ラダー」といったような形で，技術専門職のまま昇進や昇給ができる方法を編み出しています。ただ，このことに気づかず，研究者や技術者をスペシャリストのままで昇給・昇進させるシステムを構築できずに，優秀なスペシャリストを管理職へ昇進させることでダメにしてしまっている企業も少なくありません。

　30歳以下の若い人をカウンセリングする場合には，まだはっきりとはキャリア・アンカーができあがってない場合もあるでしょう。そのような人が「専門職としてやっていきたい」と言ったとしても，それが本当にそうであるかは疑わしいかもしれません。しかし，30代以上でキャリア・アンカーができあがっている人が専門職でいきたいというならば別です。そのような人が大きな組織の中で働いている場合は，企業側が管理職にならずに専門職として昇進していけるような特別なシステムを用意しているのでなければ，専門にこだわって突き進むのは必ずしもよいとはいえないということをキャリア・コンサルタントとして助言するべきです。つまり，このキャリア・アンカーは，最も慎重にカウンセリングにあたるべきタイプでもあるのです。

【全般管理コンピタンス】

　私のオフィスを訪れる人の多くが「自分はマネジャーになりたい」と言います。これは，会社の中でどんどん昇進していきたいということを意味します。社内の様々な機能を統括する立場になりたいということです。

　このアンカーの人たちは，どれだけ昇進できるかということによって，自分自身を評価しています。自分の裁量権がさらに増していくことを望み，部下を何人抱えているかということで，自分を評価しています。彼らにとっては，自分の上司から評価されることが重要です。また，任される予算の額も，自分を評価する基準になります。たくさんの部下を持ち，多くの予算を与えられる，責任の重い仕事を望んでいます。

　彼らはまた，マネジャーというものが，比較的オープンなキャリアだと考えています。ですから，先ほどの専門的なキャリアの人と比べ，もっと多くの種類の問題に直面することになります。

　給与に関しては，自分の部下よりもどれだけ多く貰っているかということが目安になります。どれだけの給与を得るかが，成功を測る目安なのです。他社の同じ立場の人がどれだけ給与を貰っているかということよりも，自分の部下よりどれだけ多く貰っているかということが関心の的です。

　このアンカーの人の昇進のイメージは，一般社会の持つそれとほぼ同じです。一般社会では，どれだけ高い地位にいるか，どれだけ高い給与を貰っているかが成功の目安になります。有名な教授よりも，会社の社長の方が権威があるといった具合です。これは，先ほどの専門・職能別コンピタンスの人が専門性を重んじ，マネジャーになるのを避けるのとは，とても対照的です。

私は「社内で出世して幹部や役員，重役になりたい。経営に興味があるし，やってみたい」と言うような人をカウンセリングする際，「ゼネラル・マネジャーとして成功するためにはどのような適性が必要だと思いますか？」と尋ねます。そこでの回答は大きく4つに分けられますが，これがゼネラル・マネジャーとして求められる基本的な適性となります。

　まず1つ目が，高いモチベーションです。ゼネラル・マネジャーという仕事は，非常に多大な犠牲を強いられる，厳しい仕事です。その心構えがないならば，ゼネラル・マネジャーを目指すのは止めた方がよいかもしれません。しかし高い目的意識があれば，それに立ち向かうことができるでしょう。

　次に必要となるのが，情報分析能力です。不十分であったり信頼性の高くない情報からでも，瞬時に周りの情報を分析し，必要な質問をして決定を下さなくてはなりません。多くのビジネス・スクールでも，このスキルについて，分析と適切な質問，決定ということが教えられています。

　これが1番目，2番目です。これらが備わっているのが前提で，それから次の2つの適性があるかどうかということになります。

　ゼネラル・マネジャーとして成功するための3つ目の特長は，一対一やグループでのコミュニケーション能力の高さです。他の人々と楽しくうまくやっていけることができ，上下関係もうまくこなせ，独立心もありつつ皆で協力することもでき，集団をうまく導くこともできなければなりません。

　ゼネラル・マネジャーにとって最も重要な4つ目の特長は感情のコントロールができるということです。日々非常に難しい判断を迫られる中で，心を病んだりアルコール依存などに陥ることなく決定を下していかねばなりません。例えば，他人の人生を台無しにすることを分かっていても，50代で次の職も見つからないだろう従業員をクビにしなくては

いけないこともあるでしょう。そしてそのような決定をした後も，割り切って自分は自分であり続けなければならないのです。二人の部下の提出したプロジェクトが同じくらい優れていても，一方にはゴーサインを出し，もう一方にはあきらめるよう言わなければならない場合もあるでしょう。ゼネラル・マネジャーは，このような難しい決定を日々下し，やっていかなければならないのです。

カウンセリングに来た方が「社内で出世して，経営に関わっていきたい」と言ったならば，この4つを示して，問いかけてみて下さい。「どうですか？ ……あなたは高い目的意識を持っていますか？ 不確定な情報から決定を下すことができますか？ 誰とでもうまくやっていけますか？ 厳しい決断で胃を痛めたりしませんか？」と。

【起業家的創造性】

自分の会社を立ち上げたいという，起業家的創造性を持つアンカーの人たちは，比較的少人数です。彼らは，最初から他のアンカーの人たちとは全く違ったタイプで，学生時代からすでに起業して，自分のビジネスをしたりしています。幼い頃から，何かを作り上げるのが好きで，新しいアイディアや新しい製品，または今までとは異なった仕組み，例えば新しい金融システムなどを作り上げたいと思っています。彼らは失敗することも少なくありませんが，成功を目指して非常に努力します。

また，彼らは自分の立ち上げた組織の規模で成功を測る傾向にあります。自分と自分の会社を同一視しており，自分を大きくするために会社を大きくするという感覚を持っています。そのため，会社に自分の名前を付けたりします。

彼らの特徴は，何度失敗しても，成功に向けて邁進するということです。ですから，失敗することを悪く捉えるような（例えば東洋的な）文化の中ではうまくいきません。

なかには，何度も起業を繰り返す人もいます。そのような人たちは，

会社を立ち上げては売却し，また別の会社を作ったりします。

　おそらくキャリア・カウンセラーの皆さんは，このようなタイプの人に会う機会はあまりないでしょう。彼らにはカウンセリングを受けている時間などないのです。常に自分自身のことをするので手一杯ですし，キャリア・カウンセラーに助けを求めることもありません。

　また，彼らは人の言うことを聞くようなよい生徒でもありません。学校で教えられるような学術的なことにもあまり興味がありません。いつも何かを作り上げることに夢中になっているのです。

【保障・安定】

　保障・安定アンカーの人たちは，アメリカでは比較的少数派である一方，日本のような集団主義の文化のなかではよく見られます。つまり，このアンカーは，社会が保障や安定といったことをどうみているのかを反映するアンカーでもあるのです。私がアメリカでキャリア・アンカーのワークショップをする際，このアンカーの人に手を挙げてもらおうとしても，誰も手を挙げようとしません。アメリカでは，野心を持って前向きに進んでいくことがよいとされているからです。そのため，このアンカーを持つアメリカ人は，自分でそれを認めようとはしたがりません。

　そのためアメリカでは，このアンカーの人を支援することが，キャリア・カウンセラーの重要な課題となります。アメリカ人であれば，たとえキャリア・カウンセラーであっても，個人的にはこのアンカーを軟弱だと思っている可能性があるからです。しかし，そのような判断には慎重にならなくてはなりません。

　私の教え子に，マサチューセッツ州西部の貧しい農村地帯で育ったある若者がいました。彼にとっては，MIT に入学したこと自体がすでに大成功でした。彼は経営大学院に進学しました。さらに成功を収めたと

いうわけです。彼は今，大企業の中間管理職をしています。彼は，自分はこれまでの人生でかなりの成功を収めてきたと思っており，今の状態に非常に満足しています。一方，同じ中間管理職をしていても，自分が副社長の息子であったらならば，親と比べて「自分はまだ何も達成していない」と感じるかもしれません。このように，野心や成功といったものの目安は，その人の生い立ちに大いに左右されるのです。

　このアンカーの人たちは，保障と安定を望みます。安定した給与や報酬，福利厚生の充実などです。また彼らは組織の一員でいたいと思っています。先ほどの彼に「もう少し昇進したいと思いませんか？」と聞くと，彼は「それは会社が決めることです」と答えました。このタイプの人は，会社に対し忠誠心が高く，また会社にも誠実な対応を求めます。

【自律・独立】

　次は，保障・安定アンカーの全く逆，自律・独立アンカーです。このタイプは，西欧のような個人主義的な文化では珍しくありませんが，近年，中国や日本といった集団主義的な文化の国々でも増えつつあるようです。

　このタイプは，仕事上で縛られることをとにかく嫌い，大企業などに就職すると，「規則に耐えられない」と感じます。彼らは，できるならば自営業，そうでなくとも，できるだけ自由が得られる仕事を求めます。ですから，例えばコンサルタントとして独立したり，教師という職を選んだりして，できるだけ自由を得られるようにします。企業で働く場合も，研究開発部門や，ある種のセールスマンなど，少なくとも自分の仕事は自分の自由にできる職を選びます。そのためには，業務委託や，パートタイムという働き方も気にしません。自由を得るために，不安定な給与や福利厚生も受け入れます。

　アメリカでは，このタイプの働き方が増加し，一般的になってきてい

る傾向があります。組織のルールから自由でいることを大切にする人々が増えてきているようです。

　ある教え子は，最初，大企業でキャリア・カウンセラーの職に就きました。しかし彼は，大企業の規則を嫌い，会社を辞め，コンサルタントとして独立しました。私がインタビューをした当時，彼は非常に自由な生活を送っており，家族もいませんでした。私が彼に「今はまだ若いのでよいでしょうが，将来妻子ができたらどうするのですか？」と尋ねると，「多分イギリスに行くと思います。自分のようなライフスタイルがアメリカよりも受け入れられていますから」と答えました。彼とこの話をしたのは1970年代で，アメリカでも自営業で何かをするのは簡単ではない時代でした。彼は家族ができたらイギリスに移住し，そこで何かしらの商売をして生計を立てていくということでした。私は1990年代半ばに，卒業生の再調査を行いました。彼は結婚し，子供もいました。そして，イギリスのオックスフォードの郊外で，骨董店を開いていました。彼は自分の予測通りの人生を歩んでいたのです。

　興味深いことに，世界全体の傾向として，この自律・独立のタイプのキャリアに対して，寛容になってきているようです。私自身，自分はこのアンカーだと思っています。大学という組織は，私が自分の専門分野にとどまることを許してくれます。しかし，それよりも私にとっては，自分の研究を自分の自由にできるということをありがたく思っています。もしある企業が私を大きな研究所で働かないかと誘い，もっと高額の給与，多くの部下，素晴らしい研究施設を用意してくれると言っても，きっとお断りするでしょう。私は自分が自律・独立アンカーであることを分かっています。もしその職に就けば，私はその組織のルールや手順を守って仕事をしなければならなくなるでしょう。それは自分のアンカーに最も反することなのです。

社会が変わっていく中で、企業はこのアンカーへの対処に苦慮することになるでしょう。若い層では、このような自律的なスタイルを望み、大企業のルールに縛られたくないという割合がどんどん増えています。組織を離れ、契約やパートタイムで仕事をする人たちはさらに増えていくでしょう。一方企業側は、従業員がどの程度の自由を求めているかについて、あまり理解していません。

例えばグーグルでは、会社が従業員に与える自由度をとても重視し、「週に1日は自分の個人的なプロジェクトに充ててもよい」としています。このような自由度を与えることが、従業員をよりよくするためにふさわしいと考えているのです。しかしグーグルは、自律・独立のアンカーの人にとっては週に1日でもまだ不十分だということには気がついていないでしょう。

キャリア・カウンセラーとしては、このアンカーの人たちと普通の人たちとの求める自由度には、大きな差があるということを肝に銘じておかなければなりません。

【奉仕・社会貢献】

これまた少数のグループですが、「自分のキャリアは何か高い価値のあることに貢献しなければ意味がない」と考えている人たちがいます。

私はオーストラリアで、まさにこのタイプの人に出会いました。彼は、イギリスの大学の森林学の教授でしたが、オーストラリアのアルコアというアルミニウムメーカーに転職しました。アルミニウムの精製には、アルミニウムの露天掘鉱山が必要ですが、それは環境に大変な負荷をかけます。そのため、オーストラリア政府は、露天掘鉱山の採掘面積に規制をかけています。そこで会社は彼に、採掘した後の鉱山に先に取り置いていた土や表土をかぶせて埋め戻し、また別の場所を掘ることができるようにするという仕事を任せました。私が訪れた際、彼は、埋め戻した穴の跡に植物や動物が再び生息している様子を、誇らしげに見せ

てくれました。彼は，このようなやり方以外での埋め戻し方法を取るよう言われたら，すぐにイギリスに戻ると言っていました。

このアンカーの人にとっては，給与や昇進よりも，自分にとって意味のある，奉仕や社会のためになる仕事を続けていくことが重要です。このタイプの企業内での典型的な職種としては，人事部門で人を援助する仕事があります。キャリア・カウンセラーの皆さんの中にも，人を援助することが自分の仕事の原動力になっているという方がいるでしょう。

【純粋な挑戦】

このアンカーも少数のグループです。このアンカーの人たちは，非常に困難な状況を乗り越えることを求めています。「今まで誰も成し遂げることができなかった」ということが，モチベーションにつながるのです。誰も開発できなかったことを成功させようとするエンジニアや，勝つためにはどんなことでもするというスポーツ選手がこれにあたります。仕事は常に新しくて意義のある挑戦を与えてくれるものでなくてはならず，解決するのがより難しい，あるいはほとんど不可能であるような問題を求めています。また，手強い相手に打ち勝つという意味で，人との競争を求める傾向もあります。

米軍の海軍パイロットには，このタイプが多く存在します。彼らは，一生に1回直面するかどうかという敵のために生涯訓練を続け，究極まで能力を高め続けます。

このタイプは，物事にすぐに飽きてしまうので，組織の中でははた迷惑な存在です。学生時代には，教室で問題を起こしたりしています。彼らにとっては，普通の授業が退屈でたまらないのです。また，組織に入っても同じように業務に退屈してしまいます。一方で，困難な問題を解決に導くなど，時に重要な役割を果たしている人々でもあります。

このアンカーの人たちに対して組織側ができることの1つに，彼らの業務内容を拡げてやるということがあります。何か特別な任務を与えた

り，通常より困難なことをやらせたりすれば，彼らはそれを新たな挑戦
の機会だと受け取るでしょう。

【ライフスタイル】

このアンカーは，近年，共働き家庭の増加に伴いますます重要になっ
てきています。

女性の職場進出が進み，夫婦それぞれが自分のキャリアを持つように
なると，彼らは，夫婦それぞれのアンカー，つまり2つのアンカーに対
処しなければならなくなります。このことは，夫婦どちらか，または双
方が何らかの妥協をしなくてはならないということを意味しています。
個人のキャリアが多少おざなりになっても，自分と家族のニーズを含む
幅広い文脈の中で，自分のキャリアを位置づけるというのがこのアン
カーです。

そのため，これよって本来の個人のアンカーを，仕事によって満たす
ことができなくなることもあります。その場合，例えば自律・独立のア
ンカーを仕事では満たせないならば，何か特別な趣味を見つけ，そこで
自由を得ようとすることもあるでしょう。魚釣りに行って，完全に一人
の時間を持とうとするかもしれません。

キャリア・アンカーと職種

例えば私が友人に，「今私はキャリア・カウンセラーに講義をしてい
るのだけれど，彼らのキャリアの志向はどういうものだと思う？」と聞
いたとします。友人たちからはどのような答えが返ってくるでしょう
か。「サービス志向の人事部門タイプでは？」などと言われると，いか
にももっともなように思えます。しかし，実際には，同じ職業だとして
も，求めているものはそれぞれに異なっているのです。確かに上記のよ
うな，キャリア・アンカーの分類でいえば奉仕・社会貢献のアンカーを

持つキャリア・カウンセラーもいるでしょうが，もちろんそれだけではありません。専門性を求めてキャリア・カウンセラーになる人もいれば，起業するため，または独立して自由度を高めるためにキャリア・カウンセラーになった人もいるでしょう。

　その職種なりのアンカーがあるということは，つい言いたくなるものですが，それは間違いです。

　同じ部屋の中に40名のエンジニアがいたとしても，彼らのアンカーはバラバラです。同様に，同じ部屋の中に40名の医師がいたとしても，やはり彼らもバラバラなのです。医師の中には，世界一の執刀医になりたいと思っている人もいれば，病院の診療部門長になりたいと思っている人もいます。大病院で安定した職を得たいと思っている人もいます。遠隔地で医療に携わることで，自由を得たいと思う人もいるかもしれません。社会貢献的な考え方で，特定の病気の撲滅に尽力する人もいるでしょう。純粋な挑戦として，疾病を根絶しようとする人もいるでしょう。

　ですから，職種のタイプが分かればアンカーが分かると考えてしまうような罠には，決して陥らないようにして下さい。専門・職能別コンピタンスの説明の中で出てきた，ゼネラル・フーズのマーケティング部門長がよい例です。彼はコーヒー会社の社長職をうまくこなしてはいましたが，決して全般管理コンピタンスのアンカーではなく，常にマーケティングの専門家でありたいという専門・職能別コンピタンスのアンカーを持つ人でした。

キャリア・アンカーの診断方法

　キャリア・アンカーの診断には対面でのインタビューが不可欠です。そのため，キャリア・カウンセラーという存在が大きな助けになるでしょう。自己診断をしていると，どのカテゴリーも同じような結果にな

りがちですし，質問紙によるアンケート調査をしても，似たり寄ったりの結果になりがちです。これには2つの理由があります。1つは，回答者が自分自身に正直でないことがあるということです。アンケートに対し，つい一般的な理想像を答えることもあるでしょう。2つめは，アンケートの質問は，現実の状況のように何らかの選択を迫ってくるものではないので，すべての回答にイエスと答えるという矛盾したこともできるということです。インタビューの場合は，その人のこれまでのキャリアをすべてチェックすることになります。現実の世界でその人がとってきた行動は，その人が口にすることよりもずっと如実にその人のアンカーを表します。

　私は，インタビューをする時，相手が何らかの反応を起こすような，選択を求める質問をするようにしてきました。アメリカではよく「エンジニアでもありたいし，マネジャーにもなりたい」などと言う人がいます。「私は2つのアンカーを持っているのです。どちらも求めているのです」と。私は，そのような人には，「あなたは10年後に，技術部門長と副社長のどちらになっていたいですか？」と質問します。この質問をすると，いつも即座に答えが返ってきます。「技術者でありたい」と答える人は，専門・職能別コンピタンスのアンカーです。「いや，私はCEOになりたいのです」と答えるような人は，全般管理コンピタンスのアンカーに違いありません。ただ，私が選択を迫るような質問をするまでは，自分がどちらをより好んでいるか，気づいていなかったということです。ですから，その人のアンカーが何かということをはっきりさせるのを援助する際には，このような選択を迫る質問をすべきです。選択を迫られるまでは，自分のアンカーが本当はどういうものか，気づいていないことも少なくありません。よいインタビュワーになるためには，このような選択を導く質問をうまく選ばなくてはなりません。

　インタビューは，その人が一貫性のないことを言っている場合に，それを指摘することもできます。例えば，「人と一緒に働くのが嫌だ」と

いう人に対し，「でも，自分と同じような人であれば働きたいのではないか？」と聞くこともできるでしょう。これも質問紙によるアンケートでは分からないことです。専門・職能別コンピタンスのアンカーの人ならば，自分と同じような人の集まる部門に限っては，より大きな集団の中でも働けるはずです。もしくは，自分と同じような人々とでさえ一緒に仕事をすることを避けてきたという場合には，インタビュワーが重ねて「では，どうしてそれをしてこなかったのですか？」と聞き，そこで初めて，自分のアンカーが専門・職能別コンピタンスではなく，自律・独立のタイプであったと気づくことがあるかもしれません。

　このように，インタビューでは，その人が何かを選択しなければならない場合，どうしても譲れないものは何かということを聞いていきます。その答えがその人のアンカーを表しています。例えば私の場合，もし世界最高の研究環境にいたとしても，自律・独立という点は，決して譲歩できません。

なぜ自分のキャリア・アンカーを知っておくべきなのか

　自分のキャリア・アンカーを知っておくことは，どうして重要なのでしょうか。1つには，自分のアンカーに合った仕事をすることが一番よいということがあります。そのためには，自分にとって何が最も重要で諦めることのできないことか，知っておかなければなりません。キャリア・アンカーに合った仕事をすることができれば，キャリアの目標を達成することも可能です。また，自分の持っている個人的な価値観も，仕事によって満たすことができます。自分のキャリア・アンカーを知ることによって，仕事のアサインや昇進など，何かを選ばなければならない状況下で最適な選択をするができるようになるのです。

8 種類以外のキャリア・アンカーはあるのか

　キャリア・アンカーの話をしていると，いつも出てくる質問がありま
す。それは，「8 種類の他にアンカーはないのか？」というものです。
私は，キャリア・アンカーの種類は文化や技術の進歩によって変化する
ものだと思っています。ただ，少なくとも私が欧米で調査をしてきた中
では，これ以外のアンカーは見つかりませんでした。

キャリア・アンカーは変化するか

　次によくある質問は，「人生を通じてアンカーは変わっていくのか？」
という質問です。これについてははっきりとは分からないのですが，あ
る部分についてはそうだと言えるでしょう。人は，年齢を重ねるにつ
れ，または成功を重ねるにつれ，自律性が増していくものだと思いま
す。年齢や成功を重ねるにつれ，より自由を求めるようになり，もっと
自由な仕事を作り出すこともあります。

　ただ，専門・職能別コンピタンスのアンカーは，変わる可能性が少な
い傾向にあります。何かに長けていて，それを伸ばしてきた人は，それ
を変えたいとはあまり思いません。一方，保障・安全のアンカーの人た
ちの中には，人生の後半にさしかかってから，もっと野心を持ち新しい
ことに挑戦したいと思うようになる人もいるようです。また，人は年齢
を重ねるにつれ，何かしら社会に貢献したいという気持ちが強くなるも
ので，その結果，奉仕・社会貢献のアンカーになっていく人もいるで
しょう。

　もっともよく見られる変化は，家庭の事情に伴い，ライフスタイルの
アンカーになるというケースです。年を取り，結婚をしたり子供を持っ
たりして，その状況に適応したキャリアを選ぶようになる場合です。

キャリア・アンカーの目標

　最後に，この研究調査が目指すもう少し大きな目標についてお話しします。その目標とは，キャリア・アンカーを自己開発のためのツールとすることです。

　私のインタビューを受けた人は皆，その体験が自己洞察を深めるのにとても役立ったと言っています。13年後にインタビューを受けた教え子たちの多くが，この経験が自分の人生においてとても重要であったと言います。

　キャリア・アンカーを何かしらのテストのようなものにまとめて欲しいという強い要望も耳にします。質問紙を使って，人々のアンカーを調べ，適切な配属を行うのに役立てたいという人々もいます。しかし，それは非常に大きな間違いです。前述の通り，1つの職種の中にも様々なアンカーの人が混在しているのです。「このアンカーならば，この種の仕事が向いている」などということは，決して言うべきではありません。キャリア・アンカーを，職種を決める際のツールとして使ってはいけません。

　私にとっては，キャリア・アンカーによって自分自身を知ってもらうということが最も重要です。なかには，「インタビューを受けたけれど，自分をこの8つのカテゴリーの中に当てはめたくない」という人もいるかもしれません。そのような時，私は「では，自分が何を大事だと思っているかは分かっていますか？」と聞きます。それに対し，「はい。インタビューを通して，自分のことをより深く理解することができました。ただ，この8つのカテゴリーには当てはめたくないのです」という答えならば，私は「それでよいと思います」と言うでしょう。私の目標は，自分自身についてより深く知り，それによってよりよい人生の選択をしてもらうことなので，この8つの分類にこだわることはさほど重要ではありません。私がキャリア・アンカーと呼んでいるものは，文

化によっても様々に異なってくると思います。

　ただ，この8つの分類はあくまで人間の性質のカテゴリーであって，文化のカテゴリーではないので，おおむねうまく当てはまるのではないかと思います。安全を求めたり，自由を求めたり，能力を生かしたいと思うのは，どの文化の中でも見られる，人間の性質です。

　私の考えるキャリア・アンカーの目標は，自分自身をより深く知ってもらい，自分の特質を伸ばしていってもらうことなのです。

　また，仕事が求めるものと，個人のキャリア・アンカーの求めるものが近ければ近いほど理想的だといえます。個人が自分のキャリア・アンカーが何であるかを知り，上司に伝えることによって，（仕事とキャリア・アンカーの）ミスマッチを最小限に抑えることは，個人にとっても組織にとってもメリットになります。ただし，上司・部下はともにキャリアに関することを語れる状態でなければなりません。この時，キャリア・アンカーの分類は会話をするための語彙（あるいは共通言語）となるのです。

キャリアに関する新たなスキルの必要性

　実際には，社会の変化に伴い企業も変化していく中で，理想的なマッチングは次第に難しくなっていっています。今日のような状況下では，ある特定のキャリア・アンカーを持っていたとしても，自分のキャリア・アンカーにそぐわない仕事もこなすことができ，自分のアンカーは趣味や副業や他の活動で満たすといった柔軟性が求められているのです。

　ただし「保障・安定」のキャリア・アンカーの人には，それはとても難しいことかもしれません。彼らは企業が終身雇用を保障し，何一つ心配することのないような安定した社会を望んでします。しかし今日，企業はダウンサイジングを始め，技術も日々変化していく中で，解雇者が

増加しているのが現実です。このタイプの人々がそのような憂き目に合えば,「この先何を信じればいいのだ？」と途方に暮れることでしょう。今までのように企業が従業員の安全性や終身雇用を保障してくれないというのは,彼らにとっては非常に厳しい変化です。

このような中でキャリア・カウンセラーとしてもっとも難しい仕事は,中堅クラスの方々に対して,ミスマッチの仕事にも備えるためには,自身のキャリア・アンカーに合っている／いないにかかわらず様々なことに挑戦し,学び続けるしかないということを,いかに説得するかということでしょう。

新たなスキルはどのようにして得られるのか

最後に,今の自分のアンカーやキャリアが労働市場の求めるものと合致していない時に,どうやって新たなスキルを身につけるのかについてお話します。

西欧で見られる実例の中では,再教育というものが重要になっています。再教育は,行政などの支援を受け,比較的規模の小さい専門学校や大学で行われることもあれば,企業等で大規模な解雇の発表があった時など,従業員を次のキャリアへと送り出す際にも必要になります。行政の支援で大学や専門学校で行われる場合,例えばエンジニアの失業者に対して再教育を行い,そのスキルによってそれまでのような民間企業ではなく,市役所や地方自治体で働く機会を得るといったことがあります。

企業が再教育の支援をする場合も少なくありません。優秀ではあるがAという分野では必要でなくなってしまった社員に対し,新たな場所で活躍できるようBという分野の再教育を行うといった場合がそうです。キャリア・カウンセラーの皆さんは,再教育プログラムについて熟知しているでしょうし,実際に会社や個人に助言をしたこともあるで

しょう。社内でのトレーニングや人材開発プログラムにおいて，どういったキャリア・アンカーを持っているかを尋ね，可能な限りそれに合ったプログラムを提供している方もいるでしょう。

　また，再教育に特化した新しいタイプのコンサルティング会社もでき始めています。そういった会社で，現在のキャリアの方向性を見直し，時にはキャリア・アンカーを変化させて全く新しい道に進むことで，今よりも生き生きと働けるようにカウンセリングしている方もいるでしょう。以上のような流れは西欧諸国では顕著ですが，今後日本のような社会でもこういった方向に進んでいくと思われます。

*1　Schein, E. H. *Career Dynamics*, Addison-Wesley, 1978.
　　エドガー H. シャイン『キャリア・ダイナミクス』二村敏子・三善勝代訳，白桃書房，1991。
*2　Schein, E. H. & Van Maanen, J. *Career Anchors: The Changing Nature of Careers—Facilitator's Guide*（4th Edition），Wiley, 2013.
　　エドガー H. シャイン & J. ヴァン＝マーネン『キャリア・マネジメント：ファシリテーター・ガイド』木村琢磨監訳，尾川丈一・藤田廣志訳，白桃書房，2015。

第**2**章

ジョブ・ロール・アナリシスによる個人と組織のマッチング

シャインが語る Knowing Organization

マッチング・プロセスの向上に必要なもの

　キャリア・ダイナミクスには，2つの要素があります。1つは，個人によるキャリアの選択，もう1つは，仕事を成し遂げるための能力を持つ人材を求める社会からの要請です。この2つの要素から考えると，キャリア・カウンセリングで行うべきポイントは，社会が求める人材と，個々人のキャリアや生活をどうマッチングさせるかとなります。

　このマッチングのプロセスを向上させるためには，①個人が自分のキャリアのニーズを見つけ出すためのプロセスと，②組織が自らのニーズを見つけ出すためのプロセス，そして，③双方向のよりよいコミュニケーションが必要です。

　第1章で説明したキャリア・アンカーは，このうち①のプロセス，つまり個々人が自身のキャリアを明確にし，よりふさわしい職を選ぶ助けとなるツールです。

　第2章では②のプロセス，組織が実際の業務を遂行するために求める人材像を，より分かりやすく個人へ伝えるために必要となるものについてお話しします。そのためには，まずお互いのコミュニケーションが良好でなければなりません。このコミュニケーションのプロセスの架け橋としてとても大切なのが，キャリア・カウンセラーの存在です。キャリア・カウンセラーには，雇用されている個人と管理者であるマネジャーの双方に働きかける機会があるからです。

マッチングのジレンマ

　マッチングにおける問題の最初のポイントは，個人が自分のキャリ

ア・アンカーを明確にできている場合でも，自分にオファーされている仕事がどういうものかはよく分かっていないことがあるということです。

　アメリカには，ジョブ・ディスクリプション（職務記述書；職務の内容を取り決めたもの）というものがあり，その人が仕事上で果たさなければならない具体的な職責がそこに示されています。しかし，実際に仕事を初めた1～2カ月後にインタビューを行うと，ジョブ・ディスクリプションの記載と実際の仕事が全く違っていたという人が少なくありません。というのも，ジョブ・ディスクリプションは非常に抽象的なことが多く，またその仕事に付随する他者との関係性の側面については記されていないからです。例えば，職場で一緒に働く人々についての情報などは載っていません。また，達成目標だけが強調されて，実際その仕事がどういうもので，どういった配属で何を担当するのかが分かりにくいことも往々にしてあります。

　上司であるマネジャーも，新しく雇った人に対して，実際の仕事がどういうものであるか，うまく伝えられないことが少なくありません。またマネジャーは，自分の部下たちの能力を鑑みて，全体の仕事を設計しなければならないのですが，このことを自覚していないことも多いのです。ですから，率直なコミュニケーションを行い，仕事を設計できるよう，その分析をするためのプロセスが必要です。

アルコア社の事例

　そのような分析を行い，実際に仕事の設計をし直した事例を紹介します。

　ある時，私はオーストラリアのアルコア社のシニア・マネジャーたちとランチをしていました。ランチの最中に，彼らは私に，オフィシャルなビジネスの話をしてもよいかと尋ねました。私はOKし，彼らは，経

営を担当している副社長が間もなく退職するという話をしました。そして，後継者の候補であるジョーという人物が，その職務に相応しいかどうかという議論を始めました。

何人かが「ジョーで大丈夫だと思うが，少し気になることがある」と言いました。ジョーは，完璧な候補者というわけではなかったのです。ただ，ジョーに関して何がひっかかっているのか，彼ら自身もはっきりとは分かっていませんでした。

そこで私は，いくつかの質問によって介入をすることにしました。何か考えがあったからではなく，純粋に好奇心からでした。彼らはジョーをその仕事をするには完璧ではないと言っていたので，まず，その仕事とはどういうものなのかということを質問しました。私は彼らに「経営担当の副社長とは何をする仕事ですか？」と聞きました。すると彼らは私に少し苛ついた様子で，「じゃあ，それをこの人に説明してあげよう」と話し始めました。

「経営担当の副社長は，経理も人的資源管理もしなくてはならないのです」，「また，広報関係もすべて取り仕切らなくてはなりません」。すると二人のシニア・マネジャーが，「ジョーが広報の仕事をするのは，問題があると思う」と言いました。「ジョーは管理職としては非常に優秀だが，社外との交渉は不得手だ」，「それに，今オーストラリア政府は，アボリジニの問題に関連して，環境問題への意識が非常に高い」，「そのため，広報担当には非常に優秀な人材が求められるようになってくるだろう」，「だから，この職務を担うには，ジョーでは完璧ではない」。

そうすると，その中の一人が核心を突く発言をしました。「広報の仕事は，経営担当の副社長が担当しなくてはいけないものだろうか？」，全員が「そうではない」と答えました。「その仕事だけ独立させて，広報担当の副社長を置けばよい」というのです。

その瞬間，問題は解決しました。ジョーは経営担当の副社長となり，

広報担当の副社長というポジションが新たに設置されました。ジョーという個人に注目するのではなく，経営担当の副社長という職務に注目したことで，問題が解決したのです。

ジョブ・ロール・アナリシス

　この事例と同じように，マネジャーが，個人ではなく職務に注目して考えるためには，私たちにどういった手助けができるかということを考えてみましょう。この場合，キャリア・カウンセラーにとって最も重要なのは，マネジャーに仕事や職務について考えさせるようにすることです。これが，私が，ジョブ・ロール・アナリシスということを考えた背景です。

　ジョブ・ロール・アナリシスでは，原則として，仕事そのものというよりも，その仕事をする上で求められる人間関係を中心に考えます。例えば，「私は会計の仕事をして，数字を出している」と考えるのではなく，「私は，それ（数字）を使って計画を立てる人たちのために数字を出している」と考えます。先ほどの新しい広報担当の副社長の例でいうと，誰に対して環境問題への説明責任を果たさなければならないか，ということに注目するのです。何かを設計するエンジニアであれば，その設計に従って作られたものを実際に使う顧客のことを考えなくてはならないということです。

　組織内のすべての仕事は，人々のネットワークの一部であり，ネットワーク上の人々は，特定の仕事をする人に対して何らかの期待を持っています。ですから，組織内のすべての仕事について，その役割を決定づけている人間や，ステークホルダー（利害関係者）が誰かということを，明らかにすることができるはずです。ですから，ジョブ・ディスクリプションを作成する代わりに，そういった人々のところへ行き，「この仕事を担う人には何を期待していますか？」と尋ねることもできるで

しょう。

　新たな設計をするために入ってきた，新人エンジニアを例に考えてみましょう。彼の上司は，彼に「君の仕事は，この機械の新しいバージョンを設計することだ」と言うでしょう。しかし，ジョブ・ロール・アナリシスでは，このようにただ仕事内容を伝えるのではなく，例えば彼を製造現場の人間と引き合わせるといったことをします。彼が自分の仕事を理解するのに一番よいのは，彼の仕事に何らかの期待を持っているすべての人々に，彼を会わせることです。

　組織が新しい人を雇う際，私がいつも提案しているのは，役割を設定するための分析ということをよく考えてほしいということです。組織がそれをしてくれない場合は，キャリア・カウンセラーの皆さんがアドバイスして，個々人でそれを行ってもらうこともできます。

ロール・マップ（役割マップ）の作成

　それでは，役割の分析の具体的な方法に移りましょう。

　まず，白い紙を用意して，その真ん中に自分を描き入れます。そこから自分の仕事の分析を始めます（図2-1参照）。

　自分を中心として，その周りに，自分に対して何らかの期待をしている人々をすべて描き出します。その中には，自分の家族もいるかもしれません。上司がいる場合は，上司もあなたを取り囲むものの1つになるでしょう。部下もその中に入ってくるかもしれません。クライアントもその1つでしょう。自分の専門分野における仲間というのもあるかもしれません。こうやって，自分に何らかの期待を寄せる人またはグループをすべて描き出します。

　そして，それぞれの人やグループから，自分に向かって矢印を描きます。なかには，上司のように，あなたに非常に強い期待を持っている

第 2 章　ジョブ・ロール・アナリシスによる個人と組織のマッチング

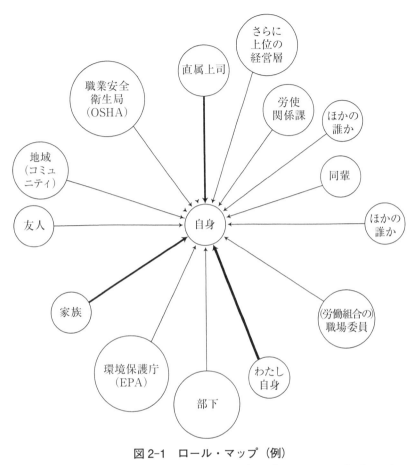

図 2-1　ロール・マップ（例）

出典：エドガー H. シャイン＆ J. ヴァン＝マーネン『キャリア・マネジメント——パーティシパント・ワークブック』木村琢磨監訳，白桃書房，2015

人々もいるでしょう。その場合は，矢印を太く大きく描きます。それほど強い期待がかかっていないところからは，細く小さな矢印を描きます。

　この演習の目的は，自分の役割全体に関わる様々な要素を特定することです。また，この図を作成することで，自分がいかに複雑なネットワークの中にいるのかということに気づくこともできます。

人は，実に様々な人々から様々な期待を持たれているのです。例えば私が日本の皆さんにセミナーを行う場合，参加者は，私に興味深く分かりやすい講義を期待しています。一方，通訳は，訳しやすいように短い文章で話してほしいと期待しているでしょう。セミナーを開催しているスタッフは，時間内に予定通りの講義を進めてほしいと思っているでしょう。これだけでもう，少なくとも3つの異なった期待があるのです。仕事をするというのは，実は，このような様々な期待のバランスを取ることなのです。ただ，それに気づいている人はあまりいません。

ロール・マップの分析

　ロール・マップを作ると，3つのことが分析できるようになります。
　1つめは「役割の曖昧さ」です。
　ロール・マップを見てみると，その中に，あなたに何を期待しているかがよく分からない人たちがいることに気づくことがあります。これが役割の曖昧さです。アメリカでは，従業員の勤務態度の調査の中で，「上司が自分に何を期待しているかが分からない」といった不平をよく耳にします。自分やクライアントのロール・マップについて，「周り全員が自分に何を期待しているかを分かっているか？」という視点で見てみましょう。
　自分に何を期待しているかが分からない人がいる場合は，その人物に会い，話をすることで，何を期待されているかを知ることができるでしょう。

　2つめは「役割の矛盾」です。
　マップを見てみると，ある人々から期待されていることが，他の人々からの期待と異なっていたり，全く逆であったりする場合があるでしょう。最も一般的なのは，上司から期待されていることと部下の期待して

いることが正反対であるという場合です。上司はあなたに，部下に完璧な仕事をさせるため，しっかりと目を光らせてほしいと思い，一方，部下は，もっと自由にやりたいし，厳しい上司はごめんだと思っているといった具合です。

エンジニアならば，マーケティング部門からは「早く製品を開発してほしい」と言われ，同時に製造部門からは「そんなに早く開発されても製造が追いつかないので，もっとゆっくり，慎重に進めてほしい」と言われるかもしれません。また上司からは「そんなに凝った物は要らないから，もっとコストを下げてほしい」と言われることもあるでしょう。そうしてこのエンジニアは，それぞれが矛盾し合うことを求めるいくつもの圧力に挟まれてしまっているのです。

このエンジニアがロール・マップを描いてみれば，自分の仕事の本質が，実は，この3つの相反する要求の矛盾を解決することだと理解できるでしょう。このエンジニアがクライアントであった場合は，どうすればこの矛盾を解消できるか，具体的には何をすればよいのかを，明らかにする手助けをすることがキャリア・カウンセラーの仕事になります。

最後は「役割の過負荷」についてです。

ロール・マップの作成で気づくことができる最も重要なことは，それぞれの期待の総和が，一人の人間のできる限界を超えてしまっているという場合です。典型的な期待過剰の状態です。それぞれの期待にすべて応えるためには，二，三人でなければ無理だという分析結果が出ることもあります。

そのような場合は，仕事の優先順位を決めなくてはなりません。マップを見て，太い矢印が描かれているところが，まず最初に優先すべき事柄になります。

上司からの矢印が最も大きいことが多いでしょう。その場合，上司からの電話には最優先で出ます。他の人々からも様々な期待があり，それ

らにも応えることができればよいのですが，すべては無理ですので，小さい矢印については，優先順位は低くします。

　そうすると，できなかったことが常に溜まっていきます。セールスマンの場合，潜在的な顧客の中で，あまり大口にはならなさそうな層を取りこぼすことになります。そのような顧客から電話があっても，もっと大口の顧客を優先するために，電話に出ないということもあるでしょう。優先順位の低いものについては忘れがちになり，自然と仕事から消えていってしまうでしょう。

　そうすると，ないがしろにされた顧客や要求を後回しにされた人々が突然押し掛けてきて，「どうして返事もしてこないんだ」と怒りもあらわに言うかもしれません。それに対し，あなたは「仕事量が多すぎて対応できなかった」と説明するかもしれません。しかし，ジョブ・ロール・アナリシスの考え方では，その返答は正しいものではありません。ジョブ・ロール・アナリシスにのっとった答えは，「あなたの要求は，私の果たすべき役割の中では，あまり重要ではないからです」となります（笑）。

　もちろん，そのようなことはとても言えませんので，なぜ返事をしなかったのかということを理解してもらうために，何かしら上手い言い訳をしなくてはいけません。

　ただ，あなた自身は，これが周りからの期待の過負荷であるということが分かっています。

　このように，役割の「曖昧さ」や「矛盾」，「過負荷」を分析してみると，自分の仕事がどうしてこれほど大変なのか，その理由が分かってきます。この問題は，近代のテクノロジーによって，さらに大きくなっています。朝，PCのメールボックスを開くと，そこには25件のメールそれぞれに25種類の要件が書かれていて，それぞれがあなたに返答を求めているのです。

42

ロール・マップとキャリア・アンカー

では，少しキャリア・アンカーの話に戻りましょう。キャリア・カウンセラーであるあなたとクライアントは，クライアントのキャリア・アンカーが何かが分かってきたという段階です。クライアントは，ある会社からある職をオファーされていて，それを受けるべきかどうかのアドバイスを求めています。

そこであなたは，一緒にロール・マップを作ることを提案します。「その職における，あなたの役割全体という視点で見ると，どうでしょうか」，「あなたに求められる役割全体を分析すれば，それがあなたのキャリア・アンカーに合っているかどうかが分かるでしょう」，「ただジョブ・ディスクリプションを眺めていてもだめです。ロール・マップによって，役割を分析することで，その職が自分のキャリア・アンカーに合っているかどうかがはっきりと分かるようになります」といった具合です。

その結果，オファーされていた職がクライアントのキャリア・アンカーに合っていないことが分かった場合は，それとは異なったプランを立てることを勧めましょう。

キャリア・アンカーのブックレットの中に，プランを立てることについて書いた部分があります[*1]。それに沿って，将来に向けてのプランを立てます。将来就くかもしれないいくつかの異なった職種の人々から話を聞き，それらがジョブ・ロール・プランニングの視点で見るとどのようなものであるかを知る必要があります。

ジョブ・ロール・プランニング

ジョブ・ロール・プランニングとは，将来のための職務・役割の計画です。それを行うためには，将来の職において，自分自身の求めるもの

や，動機，価値観が何かを明らかにしなくてはなりません。

　私がある組織の CEO のカウンセリングをしていた時の事例です。この組織の取締役会の会長が，この CEO が会長職に就きたいのかどうか，本当のところを知りたいと依頼してきました。

　この CEO はかなり気性が荒く，時々怒鳴ったりするような人だったので，会長はそれをかなり気にしていました。そこで会長は，CEO が自分の気性を抑えられるようになってきているかどうか，組織の様々な人々にインタビューをしてほしいと言いました。

　そこで私は，CEO のロール・マップ上にいる様々な人々，彼の同僚や部下たちと話をしました。その結果，全員が「ある程度の改善は見られているが，未だにかなり問題がある」と答えました。

　そこで私は CEO をカウンセリングし，どうすればよいかを考える手伝いをしました。CEO は，自分に会長職のオファーがくるであろうことは知っていました。しかし会長は私に，「会長職は広報の仕事が多いので，気性が激しいことはとてもマイナスである」と言いました。ただ，私が CEO に「あなたは会長になるにはまだ問題がある」と告げたとしても，彼にとってそれは受け入れがたいでしょう。なぜなら，CEO は，自分が会長職に就いたら，それまでとは違う人間にならなくてはいけないことを分かっていましたし，自分ではすでにそういう人間になれていると思っていたからです。この種のことを相手に受け入れてもらうのは，キャリア・カウンセラーの仕事の中でも最も難しい部類に入ります。

　結局私は，将来について検討するという名目で，CEO と会いました。私は，彼が会長職に就くにはまだまだであり，もっと自分を抑えられるようにならなければならないということ気づいてもらえるように努めました。そこで，今の彼に注目してフィードバックをするのではなく，会長職というもの性質に注目してカウンセリングを進めました。会長職とは，外部を向いたものであり，政治的で，人間関係が重要となる職で

44

す。

　そこで私はCEOに、「まず第一に、あなたは本当にこの種の仕事に就きたいのですか？」と聞きました。「ジョブ・ロール・アナリシスという観点で考えると、会長職は今あなたのなされている仕事とは大きく異なったものです」、「会長職は外部と接触する機会が多く、常に自分の感情をコントロールしていなければなりません」、「このような仕事の性質を理解した上で、本当に会長職に昇進したいと思いますか？」と聞きました。CEOは、それを分かっているし、その上でやりたいと思っていると答えました。そこで私はやっと、「もしあなたが本当に会長職に就きたいならば、今よりももっと感情をコントロールできるようにならなければなりませんよ」と伝えることができました。彼も、自分は今まで何かしら改善はしてきたが、それでもまだ不十分だったということを理解することができたのです。

　ここでのポイントは、私が彼にこのことを伝えられたのは、「彼自身」ではなく「会長職」というものに注目して話をしたからだということです。もし私が、直接的に「あなたはまだ十分に感情をコントロールできていないと言われていますよ」と言っていたら、彼がそれを受け入れるのは難しかったでしょう。

　ですから、この種のことを個人に伝える場合は、「あなたがこの職をするとしたら？」という切り口の方がよいでしょう。そうすれば、「あなたがこの職に就くためには、このような成長が必要です」と伝えやすくなります。

　キャリア・アンカーのブックレットの最後には、将来の成長のために必要なことに対し、自分自身を照らし合わせるための項目が設けてあります。この中には、世界の動向に伴い、この先どのような種類の仕事が求められていくかという分析も入っています[*2]。

　例えば、個人主義で競争的な人が、もっとチームで働くということを

学ばなければならないかどうか，検討する場合を考えてみましょう。その際，ジョブ・ロール・マップを使えば，将来の職において，チームワークが本当に必要かどうかを知ることができます。

私の思う最良のキャリア・カウンセリングとは，クライアントのキャリア・アンカーと，その人が将来就く可能性のある職とをどうつなげていくかという図を描き出すことなのです。

マネジャー向けのジョブ・ロール・プランニング

マネジャー向けのジョブ・ロール・プランニングと個人向けのジョブ・ロール・プランニングを比較してみましょう。

私は，組織が新しい人を雇う時は，先ほどお話ししたロール・マップを作るべきだと思っています。あなたがある組織内の人間だとして，マネジャーに「もっとエンジニアを増やしたい」と言われた場合，どうすればよいでしょうか。

まず最初に，あなたはマネジャーに「エンジニアとはどういう意味ですか？」と聞くでしょう。するとマネジャーはジョブ・ディスクリプションを提示し，「これがエンジニアです」と答えます。それに対し，あなたは「これは十分な分析ではありません。その役割に期待されていることは何かという観点での分析が必要です」と言うべきです。

私がこのようなことを経験したコンサルティングについてお話ししましょう。

マサチューセッツにあるゼネラル・エレクトリック社の大工場の工場長からの依頼です。その工場では，優秀なエンジニアを雇っても3年以内に辞めてしまうので，私に助けてほしいということでした。エンジニアにインタビューし，何が気に入らなくて離職してしまうのか，どう改

46

善すればよいのかを聞いてほしいというのです。

そこで私はロール・マップを作ってもよかったのですが，もう少し大規模なことをしてみました。エンジニアたちが辞めていくエンジニア部門で何が起こっているのかを知っている人々は，正に今そこで仕事をしているエンジニアたち自身です。私は，彼らにインタビューをする代わりに，クライアントであるマネジャーにお願いし，5名の若いエンジニアでタスク・フォースを作ってもらいました。そして，彼らには一旦仕事を離れ，私と一緒に問題解決に取り組んでもらいました。私は彼らに「あなたたちの仕事は，どうしてエンジニアがこの会社を辞めていくのかを明らかにすることです。私たち6人でインタビューを行い，何が起こっているのか明らかにしましょう」と言いました。

そこで自分たちのロール・マップを作成し，何が起こっているのかをインタビューする対象を決定してもらいました。彼らは組織内の人間であり，組織がどのように動いているのかを知っているので，私よりも上手く情報を得ることができるはずです。

数カ月に渡ってインタビューを行い，情報を収集しました。私は，その情報を分析し，エンジニアがこの会社を辞めていく理由をまとめる手助けをしました。そこで分かった理由は，とても単純なものでした。若いエンジニアは，過度に管理され過ぎていたのです。彼らは，このことを自分たちのマネジャーに伝える際，問題がすぐに理解できるように伝えることができたため，非常によい結果を得ることができました。

ここでのポイントは，ジョブ・ロール・アナリシスは，組織内で実際にその仕事をしている人自身で行うことが一番よいということです。

次の石油化学工場の工場長の事例は，さらにドラマチックです。

私たちが石油関係の大会社の後継者についてのプロジェクトをしていた時の話です。

私たちは，その会社の代表的な工場の工場長のロール・マップを作る

ことにしました。その結果，工場長は，将来的には，政治的な役割が主となるということが分かりました。将来的に見て，工場長に何かしらの役割を求めるグループで主になってくるのは，官公庁や労働組合，環境団体などだからです。将来の工場長は，これらの団体と交渉をしなくてはなりません。官公庁や環境団体に対しては，この工場が環境を破壊せず，環境に対する責任を果たしているということを示すことができなければなりませんし，また，労働者のライフスタイルの変化などの問題について，労働組合との交渉をしなければなりません。

　問題は，後継者の選定の仕方にありました。工場長の候補者に挙げられていた人々は，全員が，科学技術を熟知した優秀な化学エンジニアでした。その会社には，科学知識を理解している人間こそが工場長にふさわしいとする伝統があったのです。

　ロール・マップを作成するまでは，工場長の仕事の性質が変わってきていることに，誰も気づいていませんでした。しかし，ロール・マップによると，将来的には，科学知識よりも政治的な手腕の方が，より重要になってくるのです。そのため，政治的手腕のある人間を見つけ出すという方向で，後継者の選定システムを組み直さなければならなくなりました。

　この事例から分かるように，どの組織においても，ロール・マップを作成し，科学技術や社会の変化に伴い既存の仕事の性質が変わってきていないかを確かめる必要があります。

　ロール・マップを描いていくことで，工場長に何らかの期待をしているのは誰か，その期待とはどういうものかということを，自然と考えることになります。私は，この分析を，元々の工場長たちと一緒に行いました。彼らは「私もジョブ・ディスクリプションではなく，ロール・マップを見せてほしかった」と口を揃えました。

　ですから，誰かが新しい職に就く時は，その仕事が実際にどういうも

のであるかをよく理解できるよう，ロール・マップを提示してあげると
よいでしょう。もしできるのならば，ジョブ・ディスクリプションでは
なく，ロール・マップを使用すべきです。ロール・マップは，基本的な
職責に加え，その職において実際に日々携わる人間関係がどういうもの
であるかを示してくれます。

ジョブ・ロール・プランニングと組織文化のアセスメント

先ほどのゼネラル・エレクトリック社のエンジニアの事例は，「文化
の役割」について考えるためのよい例でもあります。このプロジェクト
が成功した要因は，それに取り組んだ人々が，その組織の文化の中にい
て，その文化を理解している人々だったということです。

新たな組織に入っていく人をカウンセリングする際に，「どうしたら
新しい組織の文化を理解できるでしょうか？」と聞かれることがありま
す。これは非常に重大な問題です。文化は簡単な方法で調べられるよう
なものではないからです。

新しい組織に入る場合，まず，その組織全体の大きな文化の中に入る
のではなく，自分と働くグループ内のサブカルチャーの中に入ることに
なります。ですから，そのサブカルチャー内でのロール・マップを作成
するよう勧めるのも1つでしょう。また，そのサブカルチャー内のメン
バーと話をして，その組織内での日常について聞くこともできるでしょ
う。その組織内の人が，自分の仕事について個人的にどのように感じて
いるかということが，組織文化を知るのに最もよい手段なのです。

私は，経営大学院の教え子たちからよく「面接の際に，どのようなこ
とを聞けばその組織の文化を知ることができるでしょうか？」と聞かれ
ます。「採用担当者は，その組織のよいところだけしか話してくれませ
ん。どうすれば本当のところが分かるのでしょうか？」と。この構図を
壊す1つの手段としては，採用担当者に，自分自身の仕事について話し

てもらうということがあるでしょう。「採用担当という仕事はどうですか？」，「どういったことをどれくらいされているのですか？」，「どうやって採用担当になったのですか？」といったことを聞くのです。文化を知るためには，そこでの人間関係を個人的な観点に落とし込むことが必要です。採用担当者に個人的な質問をすることで，その会社がいかによいところかといった一般的な話を離れて，腹を割って話をしてもらえるようになる可能性が生まれるということです。

　このように，重要な情報というものは，ジョブ・ディスクリプションからではなく，その職における様々な人間関係からこそ得られるものなのです。ロール・マップはそれを目に見える形にし，さらにその職に求められるものの将来の変化を予測するための有用なツールになるでしょう。

＊1　Schein, E. H. & Van Maanen, J. *Career Anchors: The Changing Nature of Careers—Participant Workbook*（4th Edition），Wiley, 2013.
　　　エドガー H. シャイン & J. ヴァン＝マーネン『キャリア・マネジメント：パーティシパント・ワークブック』木村琢磨監訳，尾川丈一・藤田廣志訳，白桃書房，2015。
＊2　同上。

第3章
キャリア・ダイナミクスと
マッチングのプロセス

シャインが語る Matching

個人と組織のマッチングの問題

　キャリア・ダイナミクスは，私の発見の中でも最も重要なものの1つです。一言でいえば，キャリアの発達とは，個人と組織の間の非常に複雑なマッチング・プロセスであるということです。このマッチング・プロセスは，それぞれのキャリアが発達する国や社会における様々な要素に左右されます。

　個人の問題と組織の問題は，どのようにマッチングさせればよいのでしょうか。大前提として，よい社会，よいキャリア・システムというものは，個人が求めるものと組織が求めるものの両方をしっかりと満たしていなければなりません。個人の側から見れば，それぞれの能力や動機，価値観が十分に生かされなければいけないということになります。また，組織は，その組織の業務を効率的に成し遂げるためのシステムを必要としています。この2つの間に適切なマッチングを見出す支援を行うことが，キャリア・カウンセリングの最終的なゴールだといえるでしょう。

キャリア・ダイナミクスの要素

　個人が求めるものと組織が求めるものは，どちらもいくつかの異なった要素に左右されます。例えば，それぞれのおかれている経済システム，労働市場の状況，またはキャリアに関する社会規範やルールなどの社会システムなどがそれです。

①経済システム

　組織が提供できるキャリアの種類は，その組織の業種に左右されますし，さらに，どのような業種が成立するかは，その国の持つ資源に左右されます。例えば，日本とシンガポールでは，それぞれの国の持つ資源が非常に異なっているため，それぞれの国におけるキャリアも当然異なってきます。

　また，経済交流における規範やルールも国によって異なります。例えばアメリカでは，政府と企業は故意に敵対関係におかれています。日本の場合は，私の知る限りは，昔から政府と大企業の結びつきが強いようです。

　さらに，資源や社会の要請によって，組織のタイプが決まってくるということがあります。家族経営の小さな企業と非常に巨大な複合企業では，当然，そこにあるキャリアの種類も異なっています。

②雇用システム

　雇用システムもキャリア・ダイナミクスに大きく影響します。それぞれの国では，その資源やそれによって成立する組織のタイプが異なるため，求められる職種が異なってきます。

　また，それぞれの職に就くための教育システムも，国によって異なります。アメリカの教育システムにおいては，20〜30代の人でも，職種を変えることが可能です。しかしヨーロッパや日本の企業では，学生は比較的早い段階でキャリアの選択をしなくてはなりません。

　職業的な成功に対して社会が与える報酬も重要な要素になります。例えば，アメリカでは，どれだけ成功しているかということは，どれだけお金を稼いでいるかということだとよく言われますが，私もそう思います。アメリカでは，どのような教育を受けてきたかといったことは，給与の額ほどには問題にされません。では，日本のような国では，何を

もってキャリアにおける成功を測るのでしょう。また今日的な問題として，成功を測るための判断基準が変化してきているということもあるでしょう。例えば，以前は，生涯1つの仕事を続けるということが成功であると思われてきました。ところが最近は，1，2回の転職経験があったほうが聞こえがよいといった傾向が，少なくともアメリカでは増えています。

また，職業が個人の行動を規定するという要素もあります。例えばエンジニアの場合は，物事をどれだけ上手く設計したかということに業績が左右されますし，セールスマンの場合は，どれだけの売り上げをあげ，ノルマを果たしたかでパフォーマンスを判断されます。このように，職業によって成功の判断基準すら変わってくるのです。同様に，キャリア・アンカーのことを考える際にも，それぞれのアンカーでその成功の判断基準が異なっているということがポイントになります。

③社会システム

次に，キャリアがおかれている社会システムのお話です。皆さんの子どもや，自分の子ども時代のことを思い浮かべて下さい。どのような仕事がこの世の中にあるのか，どのような仕事をすべきかといったことについて，両親や学校があなたにどのような影響を与えたかを考えてみて下さい。職業は国によって異なるだけではありません。親が子供に，どのような仕事がよくてどのような仕事がいけないのかといったことを教えるということもあるのです。これが1つめのポイントになります。

アメリカでは，貧しい家の子どもが大学に進学する場合，親は看護師やエンジニアを目指すよう勧めます。どうして看護師やエンジニアなのでしょうか。それらの仕事は，大学で4年間勉強すればすぐに仕事に就くことができるからです。

このように，社会における個人のアイデンティティは，どのような仕事をしているかということに反映されるのです。キャリア・アンカーの

調査でインタビューをしていた際にも，彼らが自分自身をどう自己紹介するかということに，彼ら自身のアイデンティティが反映されていました。ある人は「私はエンジニアです」と自己紹介し，ある人は「私はIBMで働いています」といった言いかたをしました。またある人は「私は自分の会社を立ち上げました」などと言うし，また別の人は「私は学校に勤めていて，テニュア（終身在職権）を得ることができました」と言いました。このことから，少なくともアメリカでは，何の仕事をしているかということが，その人のアイデンティティになっているということが分かります。

　ですから，皆さんが日本でキャリア・カウンセリングをしたりキャリアを考えたりする場合にも，社会が個人のアイデンティティを決定づける際，アメリカとはまた異なったシステムが働いているということに留意しなくてはなりません。これが2つめのポイントです。

　3つめは，特定の仕事に就く際の，インセンティブや報酬の問題です。

　私の個人的な例ですが，私の孫が最近大学を卒業しました。孫は工学と経営学の勉強をしてきましたが，どのような職に就きたいか，あまりはっきりしていませんでした。彼は2つの就職口を得ました，1つはアクセンチュアというコンサルティングの大企業で，もう1つはアンホイザー・ブッシュというビールの会社です。アクセンチュアは，非常に高額な給与を提示し，ボーナスまで出すということでした。また，入社したらすぐにコンサルティング・プロジェクトに参加し，世界中を飛び回ってビジネスについて学ぶことができると提示してきました。これに対し，ベルギー資本の巨大ビールメーカーの傘下であるアンホイザー・ブッシュは，「マネジメント・トレーニングを用意している」と言いました。入社して1，2年は，様々な部署を3，4カ月毎に回って研修を受けるということです。さて，私の孫はどちらの職に就くべきでしょうか。

　結果として，私の孫はアンホイザー・ブッシュを選びました。どうし

てでしょうか。アクセンチュアに入れば，様々な国の様々な企業について，すぐに学ぶことができたでしょう。しかし，そこで学ぶことができるのは，コンサルティングのスキルだけです。一方，アンホイザー・ブッシュでは，様々な人々に接することで，それらの人々をいかにマネジメントするかを学ぶことができます。私は，祖父として，孫がアンホイザー・ブッシュを選んだことを嬉しく思いました。マネジメントのスキルは，コンサルティングのスキルを学ぶよりも先に身につける方がよいと思うからです。

　コンサルティング業界では，マネジメント・スキルを学ぶ機会がないということは，多くの人が経験されているでしょう。その一方で，コンサルティング企業は，ここで働けば，数年後には大企業からの引き合いがたくさんあるだろうと言います。しかし，このようなコンサルティング会社から企業への転職は，大抵がうまくいきません。コンサルティング会社だけで働いていた人間にはマネジメントのスキルがないからです。私がこの例で言いたいことは，それぞれの職にはそれぞれの魅力があるけれども，選択は非常に注意深く行わなければならないということです。

　最後のポイントは，それぞれの職種はそれぞれの規範やルール，職種による統制を持っているということです。例えば，工学や科学の世界では，焦って慎重さを欠いてしまったせいで，キャリアの終わりを招くことがあります。これに対し，活動的な組織のマネジャーであれば，多くの失敗を繰り返していくでしょうし，それで構わないのです。

　このように，職種によって，何をしてよくて何をしてはいけないかというルールがあります。またこのルールは，その社会における文化を反映していることも多いのです。ですから，日本の皆さんであれば，日本のキャリア・システムの中で，何をしてよくて何がいけないのかを考えなくてはいけません。

以上のようなことから，キャリア・カウンセリングの際には，その人個人のことだけでなく，その国の文化や経済システム，雇用システムや社会システムなど，その人を取り巻くすべての環境を考慮しなければならないということが理解できるでしょう。これらの要素による影響が，個人が求めるものと組織が求めるものをマッチングさせる際の問題を生み出しているのです。このため，キャリアの発達というのは，非常に複雑なシステムなのです。

キャリア発達のシステム

　では次に，キャリア発達のシステムの中では何が起こっているのか考えてみましょう。個人が求めるものと組織が求めるもののマッチングのプロセスは，実際にはどのように働いているのでしょうか。

①個人が労働市場に持ち込むもの

　個人はこのプロセスの中に自分自身の志と受けてきた教育を持ち込みます。また，キャリアの初期の段階では，それまでに仕事上で受けたトレーニングも持ち込みます。また，どれくらい雇用を保障されたいか，どのくらいの成功を収めたいかといったこともこのプロセスに持ち込みます。

　皆さんがキャリア・カウンセリングをする際に向き合っているクライアントは，非常に複雑なものが絡み合った存在だということを忘れてはいけません。例えばアメリカでは，労働者が金銭面や給与だけにしか関心がないと見なされがちなことが問題となっています。しかし，彼らは成功を求める一方で，労働市場の中で自己実現をしようともしているのです。キャリア・カウンセラーは，クライアントが自分自身のアイデンティティを確立する方法を探し求めているのだということにも留意しなくてはなりません。

②組織が労働市場に持ち込むもの

一方，組織は労働市場に何を持ち込んでいるのでしょう。社長が人を雇おうとする時，企業が新しい社員を採用しようとする時，採用しようとする人材に何を求めるのでしょう。

第一に，業務を遂行する能力が求められます。採用者は履歴書によって，応募者がその仕事に適うようなトレーニングや教育を受けてきているかを確かめます。また昨今のアメリカでは，イノベーションをもたらす力を持っていることも求められています。世界が激変している今，「自分の部下はイノベーティブであってほしい」というマネジャーは益々増えています。またその上で，新しい従業員には新しい物事を学ぶ能力も求められています。仕事は刻々と変化しその性質を変える可能性があるため，新しい物事を学び続けることが求められるからです。

③個人と組織のマッチング

個人と組織のマッチングの際に問題になるのは，組織の求めるものと，応募者の受けてきたトレーニングや仕事に抱く願望とのマッチングです。そこで，働き口を求める個人と，雇用しようとしているマネジャー（組織），どちら側にアドバイスをすればよいのかというジレンマが生じます。私の経験から言いますと，人を雇うかどうかを判断する際にマネジャーの側が判断を誤るということがしばしば見受けられます。

私はまず，なぜ多くの学生が最初に入社した大企業で失敗してしまうかということを明らかにしようとしました。そこで，多くのマネジャーにインタビューを行い，何が問題なのかを質問しました。彼らは一様にこう言いました。「この新入社員は，野心があり過ぎ，高い給与を求め過ぎていて，また人を管理するということについて何も知らないため，上司と衝突ばかりするのです」と。マネジャーたちは，大学ではもっと

学生をトレーニングし，野心や希望ばかりではなく，実際に仕事という
ものがどういうものかを理解させるべきだと感じていました。

　しかし私は彼らに別の助言をしました。なぜならば私は，高い野心を
持っていることも，仕事を学ぶための前段階として大学で学んできてい
るということも，基本的にはよいことだと考えるからです。

　そこで私は，各会社から，大学の新卒者を管理する立場のマネジャー
に集まってもらうことを提案しました。そして，そういった非常に野心
の強い若者にどう対処すればよいか，お互いに話し合うよう勧めまし
た。そして，若者が野心的過ぎることや使えないことについて不満を言
い合うのではなく，そういった人間を社内の資源としてどう生かしてい
けばよいかというアイディアを出し合ってもらいました。つまり，一旦
個人と組織のマッチングが起こり雇用した後に，次の段階として，組織
に入った新入社員たちのキャリアを，実際どのように発達させていけば
よいかを考えてもらったのです。

内的キャリアと外的キャリア

　それでは，実際のキャリアの動き，またその分析の仕方について考え
ていきましょう。そのためにはまず，キャリアには内的キャリアと外的
キャリアとがあるということを理解しなくてはなりません。

　私は，MIT の教え子たちの調査からキャリア・アンカーへとつながっ
た研究（第1章参照）の中で，内的なキャリアと外的なキャリアを分け
て考えるべきだということに気づきました。

　外的キャリアとは，その仕事をする際のステップとして，社会が規定
するものです。例えばエンジニアは，最初はトレーニングを受ける立場
でスタートし，その後，一人前に仕事ができるようになり，さらにその
後は，マネジャーになるか，その専門領域でのリーダーになるという2
種類の昇進の仕方があります。また齢を重ねると，後進の指導者という

立場になります。多くの社会的な職業構造は，このようなステージに沿って形作られています。

　例えば，日本での調査を聞いていると，日本の企業では誰もがゼネラリストになることを求められる傾向があるようです。これに対しアメリカでは，エンジニアというスペシャリストが，ゆくゆくはマネジメントを担うことを期待されます。ところが実際には，優秀なエンジニアをスペシャリストとしてとどめようとする動きもあるようです。このような場合，エンジニアにとどまってもらうためには，マネジャーへの昇進を補完するような報酬システム等の外的キャリアを開発する必要があります。そのため，多くのアメリカ企業には2種類の昇進の仕方があります。このシステムでは，エンジニアは，そのキャリアの中盤で，マネジメントかエンジニアか，どちらのキャリアを進んでいくのかを選択することができます。このようなシステムがなく，非常に優秀なエンジニアがマネジメント方面に進んだ場合，失敗してしまうことが少なくないようです。

　このように，組織と外的キャリアという視点で考えると，スペシャリストをどう扱うのかということが最も重大な問題になります。非常に優秀なセールスやマーケティングの人材は，その立場にとどまるべきなのか，それともマネジャーになるべきなのか，といったことです。アメリカでは，スペシャリストにとどまるという選択肢がなく，昇進するためにはマネジャーになるしかないという場合が問題になっています。

　組織はその組織なりのキャリア・システムを持っていますが，個人は個人で，自分自身のキャリアについての概念を発達させています。これを私たちは内的キャリアと呼んでいます。マッチングにおける最も重要な問題は，組織がキャリアの段階としても求めるもの（外的キャリア）と，個人が昇進について求めるもの（内的キャリア）とをいかにマッチングさせるかということです。アメリカのキャリア・カウンセラーの場

合は，外的キャリアの段階にばかり注目し，内的キャリアというものを忘れてしまいがちなことが問題です。

キャリア・アンカーの調査における13年後のインタビューでは，私の教え子たちは，自分自身のキャリアがどうあるべきかということについて，それぞれの考えを形成していました。非常に興味深いことに，こういった考えが形成されるのには，就職してから5〜10年の歳月がかかるようです。彼らは卒業した時点では，ほぼ全員が「自分の入社した会社の社長になりたい」と思っていました。彼らは皆，経営大学院の卒業生であったのですが，13年後には，社長になりたいと思っている人は4分の1になっていました。就職後の職業体験の中で，自分自身についての理解が進み，それによって自分が本当は何を求めているのかがはっきりとしてきたのです。私が自分の孫にアンホイザー・ブッシュに入ってほしいと思った理由もまさにこれで，アンホイザー・ブッシュが提示したものによって，孫が自分自身についてのデータを得ることができ，自分自身を知るのによい環境だと思ったからです。

このように，初期のキャリアは，個人にとって非常に重要な学習期間になります。また同時に，組織にとっても非常に重要な学習期間でもあります。個人は自分自身の能力や動機，ニーズについて学び，組織は彼らの能力を使って，いかに組織の求める業務を遂行するかということを学びます。ですから組織は，自分たちの業務がどのようなものであるかを知り，それを従業員の能力と適応させなくてはなりません。

つまり，キャリア発達というのは，一生涯続くマッチングのプロセスだということです。このマッチングとは，個人の内的キャリアと，外的キャリアの要請とのマッチングのことです。

さらに大きな観点から考えると，内的キャリアと外的キャリアのマッチングということは，社会全体の問題にもかかわってきます。社会全体のレベルで考えて，例えば科学者が足りないとなれば，科学者を育てる

ような教育システムがその社会に必要だということになります。

社会システムとキャリア：シンガポールの事例

　私はシンガポールの経済開発の研究を通し，次のようなことを発見しました。それは，キャリア発達のプロセスに社会的な計画が関わるという，非常に興味深い事例でした。

　シンガポールの初代首相となったリー・クァンユーと側近たちは，シンガポールに必要なのは，何よりも雇用であると考えました。イギリスの植民地から1つの国へと進化するためには，生産システムが必要であると考えたのです。そこで彼は2つのことを行いました。

　まず1つめは，多くの雇用を生み出すために，外国企業がシンガポールに本社機能を置くよう誘致をすることです。シンガポールは国土が狭く資源も少ないため，それに代わる非常に安定した組織が必要だと彼は考えました。彼は，非常に高額な設備投資を行えば，組織もそうそうシンガポールを離れないようになると考え，本社組織や研究開発組織，石油化学等の重化学工業などを誘致することにしました。そのためには，シェル石油やヒューレット・パッカードのような大企業にとって，シンガポールが快適な場所でなくてはなりません。つまり，シンガポールが，清潔で，教育が行き届き，信頼のできる国でなければいけないということです。なぜなら，欧米のトップたちは，取引相手が信頼できる相手かどうかを非常に重視するからです。

　シンガポールを信頼される場所にするため，シンガポール政府は経済を重視し，また，信頼される政府にならなければなりませんでした。リー・クァンユーは，優秀な学生に，世界中で最高の教育を受けられるように，潤沢な奨学金を与えました。そしてその対価として，学生たちに卒業後の何年かは政府の仕事をさせるようにしました。その間，彼らには，民間企業で働くのと同レベルの給与が与えられました。このこと

により，シンガポール政府は，欧米的な視点において，非常に信頼できる存在になりました。

この結果，シェル石油やヒューレット・パッカードといった大企業が，工場や本社機能，研究開発機関などをシンガポールに設立するに至りました。これにより，シンガポールは大成功を納め，この事例は「シンガポールの奇跡」と呼ばれました。

私の研究調査中，彼らは「このシステムの弱点は何か？」ということを私に質問してきました。組織の求めるものと個人の求めるもののマッチングという視点から考えた場合，シンガポールの進化の中で見逃されてしまったものは何でしょうか。そこで，シンガポール内外のビジネスマンに様々なインタビューを行った結果，この政策には起業家精神が欠けているということが分かりました。大企業で働くという視点に限られてしまっていたため，エンジニアやマネジメントのキャリアばかりになってしまい，シンガポールの人材によってシンガポール発の新しい企業を起こすということができなくなっていたのです。

例えば，シンガポールで若い起業家が育ちにくい理由が2つほど分かりました。1つは，伝統的な中国的な文化の中では，キャリアの初期で失敗をすることが非常によくないと思われるということです。シンガポールの親たちは，子どもたちに，安定した給与と地位を得るためよい学校へ行って政府の仕事に就くよう勧めました。もし子どもが「自分は何か新しいことに挑戦してみたい」と言っても，親たちは「それもよいが，もし失敗すれば，そこで人生が終わってしまうよ」と諭すのです。しかし，起業家というものは，成功を得るまでに，キャリアの初期の段階で何度も何度も失敗を繰り返すものなのです。

シンガポールで起業家が育ちにくい2つめの理由は，シンガポールの経済開発会議の理事たちが，巨大企業の誘致にばかり焦点を当てていたということです。彼らは，石油化学工場や製造プラントといった大規模

な設備投資のような，何十億ドル規模の大きなプロジェクトにばかりかかりきりでした。そのため，若い起業家が経済開発会議の理事たちに「新しく起業するための1万ドルが必要だ」と訴えても，聞いてもらえませんでした。そういった小額の補助金を助成するというシステム自体がありませんでした。

　シンガポールはこの問題を非常に深刻に受け止めたようです。私の研究は7〜9年前のものですが，その後，この問題を解決するため，かなりの努力がなされてきました。彼らは，どの社会においても，自身のユニークな会社を作ろうという起業家精神を持った人々がいるということに気がついたようです。

　この事例を，日本で考えてみたらどうでしょう。日本でも，このように新しい小さな会社が生まれるのが難しいという状況はないでしょうか。

　キャリアという視点で考えた時，若い人々には，起業家となることを勧めた方がよいのでしょうか，それとも，大企業で安定した職を得ることを勧めた方がよいのでしょうか。また企業にカウンセリングする際には，革新性や創造性に対し，どれくらい報酬を与えるよう助言すべきでしょうか。

　企業や政治におけるリーダーシップの違いも，重要な要素になるでしょう。シンガポールのリーダーであるリー・クァンユーは，シンガポールには仕事だけでなく，住む場所も重要だと考えていました。欧米諸国には昔のアジア植民地での伝染病などのイメージが強いため，非常に衛生的な環境を求められていると考えたからです。そのため彼は，人々に対し，まるで独裁者のように，日常生活から始めて，何から何まで清潔であることを求めました。彼がそれほどまでに独裁的でいられたのは，皆がよいキャリアを持てるような社会，経済を目指していたためでした。逆に言えば，失業率の増加は社会不安の一番の要因です。

第**3**章　キャリア・ダイナミクスとマッチングのプロセス

このように，マッチング・プロセスというものは，すべての社会発展における必須のプロセスです。ですからキャリア・カウンセリングという仕事は，社会発展の中核に位置するものなのです。キャリア・カウンセリングは，個人が充実した人生を歩み，組織が必要な人材を獲得することを保障するものであるべきです。キャリア・カウンセリングの仕事をしていると，エンジニアが多すぎてマネジャーが少なすぎる，またはその逆であるといった社会全体の問題に気づくこともあるでしょう。

個人と組織の求めるもの

マッチング・プロセスの話に進みましょう。個人と組織は，本当は何を求めているのでしょうか。

①職業教育・訓練の段階

新しく会社に入るという段階に組織側が個人に求めるのは，能力とやる気です。

これはアメリカの今日的な大問題なのですが，マネジャー層と話をしていると，従業員たちにやる気がないといったことをよく聞きます。モチベーションというものが，人の本来持つ性質なのか，マネジャーによって引き出されるべきものなのかということについては，議論の分かれるところです。あるマネジメント理論によれば，マネジャーの仕事は，部下を管理し，また部下のやる気を引き出すことだそうです。

ただ，この理論は多くの人にとって，間違ったものに感じられるでしょう。ほんとんどの従業員は，仕事をしたいと思っています。仕事をすることで自分のアイデンティティを確立しようとするのは，人間の自然な姿です。私たちは，仕事を通し知識や技術を得て，それによってアイデンティティを確立したり，自尊心を持ったりしたいと思うものです。ですから，マネジャーの仕事は，個々人がよい仕事をするための環

65

境を整えることになります。複雑な仕事の状況の下では，マネジャーと従業員がお互いをよく知り合う必要があると思います。マネジャーが自分の昇進にばかり気を取られ，部下に十分な注意を払わないという状況を見かけることがありますが，これは非常に危険な状態の組織です。

マネジャーが適切な環境を整えれば，従業員は自分で自分を管理できるようになります。日本の自動車産業における画期的な生産システムの研究が，このよい証左です。労働者は自分たちの現場の再設計や改善に加わることで，仕事に積極的になりました。そうすると，改善や改革といったことが，よりよい仕事をしようとした結果として，自然に生まれてくるのです。

②キャリアの初期段階

キャリアの初期の段階で起こるべきマッチング・プロセスとは，どのようなものでしょうか。雇用主の側が求めていることを尋ねれば，「会社に献身的で忠実であってほしい」という答えが返ってくるでしょう。「命令に従順に従ってほしい」というようなことも言うでしょう。マネジャーは，「結果を出せることを示して欲しい」とも思っているでしょう。また部下には，新しいことを学ぶ能力も求められています。このように，上司の側からは，かなりのことが部下に期待されています。

それでは，部下は上司に何を求めているのでしょうか。彼らはまず，前に向かっている，先に進んでいるといった実感を持ちたいと思っているでしょう。適切な仕事に対して適切な報酬が得られるという，しっかりとした報酬システムも望んでいます。また，よい仕事をすれば，その組織の中で働き続けることができることを保障してもらいたいと思っています。これをアメリカではテニュア（終身在職権）と呼んでいます。上司の側から見れば，この要求はかなり高くつくものです。終身雇用は従業員に仕事の保障や健康保険，福利厚生といたものを支払い続けることを意味するからです。

このため，アメリカでは，組織と個人との新しい関係が増加しつつあります。独立や，契約社員といった働き方がそれです。アメリカでは，企業が終身雇用を保障してくれなくなり，自分で仕事の保障を確立しなければならないということに気づく人々が増えてきています。つまり，アメリカでは，組織と個人の関係それ自体が変化し始めているのです。

この変化の背後には，仕事というもの自体が変化してきているということがあります。仕事がどんどん専門的になっていき，ほとんどの人々の仕事が急速に時代遅れになっていくという予測も最近耳にしました。これは新しいタイプのキャリアの出現を意味しています。アメリカでは，完全に契約ベースでのみ仕事をし，福利厚生等は自分たちでまかなうといった人々も生まれています。

仕事の保障という考え方自体も，消滅しつつあります。多くの企業が，健康保険や福利厚生にかかる費用が高すぎるという理由で，同じ仕事をさせるのにも契約社員を使った方がよいと考えるようになってきているのです。もちろん，これには重大な問題もあります。契約社員には，正社員ほどには，よい仕事をしようというやる気がみられないからです。

このような状況が日本で起こっているかどうかは存じませんが，遅かれ早かれ出てくることでしょう。キャリア・カウンセリングの場面で言えば，組織側のコンサルティングをしている際に，「どうしたら従業員が辞めないでいてくれるか？」と聞かれたり，個人のコンサルティングで「契約社員と正社員のどちらを選ぶべきでしょう？」と尋ねられたりするようになるということです。

マッチング・プロセス

では，組織が求めるものと個人が求めるものとのマッチング・プロセスをまとめてみましょう。

組織側，雇用側は，業務を遂行する能力を持つ人材を確保するための
システムを必要としています。コンサルタントの仕事としては，組織側
が必要としているけれども見つけられないような人材の発掘に関わるこ
とになるでしょう。また，官公庁や教育機関に対し，どのような職業の
人材となるトレーニングが不足しているか，情報提供する立場になるか
もしれません。

　アメリカにおけるキャリア・カウンセリングの重要な役割の1つは，
解雇の際のマネジメントです。私のキャリア・アンカーの本が最初に使
用されたのは，ある企業で，大規模な解雇を行うため，従業員が新しい
仕事を見つけるのを支援しなければならないからといった場面でした。

　次に個人の側ですが，これまでに自分が受けてきた教育やトレーニン
グが生かせるようなキャリアを進むための仕事に就きたいと思ってお
り，それが実現できるようなキャリア・システムを求めています。個人
のコンサルティングでもっとも大変なケースは，特定のトレーニングを
積んできた人が，組織に必要とされなくなった場合でしょう。キャリ
ア・アンカーは，このような場合の一助になるかもしれません。本人は
気づいていないけれど，その人のキャリア・アンカーは，別の仕事でも
活かせるものなのかもしれないのです。

何がミスマッチを引き起こすのか

①組織側の問題

　ミスマッチが起こり，組織または個人が不満を抱いているという場
合，組織側の問題として，どのような仕事が必要なのかの分析が不十分
であったということが，よく見受けられます。

　何年か前のとある保険会社の例ですが，そこでは，必ず規則に従うと
いうトレーニングを社員に行ってきました。どのような複雑な事案で

あっても，新しい革新的なアイディアが求められる場面でも，必ず規則が遵守され，踏襲されてきました。様々のケースに対し，様々なルールがあり，それがすべて社内規定にまとめられていました。

そのような中，保険業界自体に変化が起こり，新社長が就任し，「この環境の変化についていくため，大規模な革新をしていかなければならない」と言いました。しかし，この会社の社員は革新を起こせず，社長は手痛い失敗をしました。彼はマネジャーたちに「どうしてこの会社は革新を起こせないのか？」と尋ねました。そこで分かったことは，その会社では，ルールを遵守することができる人間だけが採用されていたのです。また，ルールを守った社員だけが評価され，ルールを破る人間は組織から追い出されていました。新社長は，自社の企業文化を十分に分析できていなかったため，ルールをかたくなに守るという人々で構成されているということに気づけなかったのです。そのような会社に新しいやり方を求めるならば，新しい社員を雇い直し，トレーニングをし直す必要があったのです。

組織は，仕事の性格をはっきりとさせ，それを社員に明確に伝えなくてはならないということがポイントです。第2章で紹介したジョブ・ロール・プランニングは，まさにこのことを達成するためのものです。部下に期待する仕事を十分に分析し，それを部下に伝える際に，マネジャーにとって有用なツールとなるものです。

②個人側の問題

個人の側の理由でマッチングがうまくいかないのは，個人が自分の求めるものや，やりたいことをよく分かっていない，または，うまく伝えることができていないという場合です。個人へのコンサルティングの場合，その人が自分自身のことを明確に理解できるように，それを一緒に探求していくことが仕事になります。また個人は，自分の求めるものやアイデンティティを，採用担当者やマネジャーに明確に伝えることを学

ばねばなりません。この時に役に立つのは，第1章で紹介したキャリア・アンカーです。

　これらを考える際も，個人と組織が求めるものと双方の関わり合い，つまりキャリア・ダイナミクスは，それを取り囲む文化，社会といったすべてのものと深く関わっているということを忘れてはいけません。

まとめ

　最後に，3つの章を3つの結論にまとめてみましょう。

　1つめは，人は自分のキャリアに対してもっとよく知る必要があるということです。このためには，キャリア・カウンセラーの皆さんも含めた個々人が，自分のキャリア・アンカーが何かということを知ることが重要です。

　キャリア・アンカーを考えるためには，これまでのキャリアについてインタビューをするという方法をとることがとても大切です。自分のキャリアのステップについてインタビューを受けて，分析をしていくことこそが，自分にとって何が重要なのかという気づきにつながるのです。

　用意されている質問事項は，あくまでキャリア・アンカーについて考える入り口であり，これによって結論が出せるということではありません。質問紙に答える際には，自分の理想像を答えてしまいがちなものです。それでは自分自身の本当の姿は分かりません。ですから，これまでにしてきた様々な意思決定を振り返ることで，自分自身の本当の姿に目を向けなければなりません。

　以上が個人についてです。

　2つめは，個人とマネジャーについてです。個人とマネジャーは，現在と将来の職についてのロール・マップを一緒に作成し，仕事についてのコミュニケーションを改善することで，もっと仕事を理解しなければならないということです。その際には，技術的な条件以上に，その仕事

における人間関係に焦点をおいて考える必要があります。

　最後に，キャリア・コーチやキャリア・カウンセラーの皆さんのすべきことについてです。皆さんは，組織の要請と個人の要求をうまくマッチングできるよう，よりよいモデルを作っていかなければなりません。本書が，そのモデルとなるようなものをお伝えできていたら幸いです。

エドガー H. シャイン

尾川　丈一

石川　大雅

座談会

ポスト・キャリア・アンカー

これからのキャリア・カウンセラーの役割

エドガー H. シャイン
　（マサチューセッツ工科大学 スローン経営大学院 名誉教授）
ジョン・ヴァン＝マーネン
　（マサチューセッツ工科大学 スローン経営大学院 教授）
ヒレル・ザイトリン
　（ミルトン・エリクソン財団 ボルティモア支部長）
尾川　丈一
　（Process Consultation Inc.〈USA〉CEO）

収録：2015年7月2日／サンフランシスコ ベイランディングホテル

尾川：本日は，キャリア・アンカーに続くキャリア研究と，これからのキャリ
　ア・カウンセラーに求められる役割についてディスカッションしていきたい
　と思います。

　　本日ご出席のシャイン先生とヴァン＝マーネン先生の共著『キャリア・マ
　ネジメント』*1 シリーズは，ポスト・キャリア・アンカーとなり得るキャリ
　ア研究の1つです。他には，ダグラス・ティム・ホール先生の『プロティア
　ン・キャリア』*2 や，お二人の同僚のロッテ・ベイリンの『キャリア・イノ
　ベーション』*3 もそうでしょう。いずれにしても，心理学寄りから社会学的
　な方向へと考え方が移ってきていると感じています。その辺りの理由などか
　らまず教えていただきたいと思います。

社会学的なキャリア研究の重要性

シャイン：まず，キャリアの研究では，組織が仕事の本質を理解するというものより，人が自分自身を理解するといったものの方が格段に進んでいるといえます。例えば，現状では，リーダーシップの研究のほとんどが個人の能力についてのものだという問題があります。

　しかし実際に組織を観察してみると，リーダーシップというものは，社会的な文脈や仕事そのものの本質など，社会学的に分析されるべきものとの関連が非常に強いのです。ですから，キャリアというものは社会学的な概念として考えられるべきであり，個人の資質という考え方をすべきではないのです。

ヴァン＝マーネン：シャイン先生のおっしゃったことは，確かにその通りだと思います。また，そもそもキャリアの研究は，社会学者によって，民俗誌学的に始められたものです。社会学者と人類学者というのは，実は同じようなものなのです。「社会学者は西欧を目指し，人類学者はそれ以外を目指す」というジョークもあるほどです。

　組織内でのキャリアというものは，この先あまりキャリア研究者の興味の対象にはならなくなっていくと思います。それに対し，職業的キャリアがもっと重要になっていくでしょう。シャイン先生が指摘されたように，このことが組織のマネジャーの仕事をさらに難しくしています。組織が，報告される問題をうまく理解することができなくなっているからです。

尾川：ということは，組織社会化についても少し違った考え方になってきているということでしょうか。

組織社会化のアウトソーシング

ヴァン＝マーネン：その兆候はすでに現れていると思います。社会化の期間はどんどん短くなっていて，トレーニングに関する経費も削られてきています。

そのため，「この学校へ行った」というような学歴による権威に頼ることが増えています。つまり，組織は実質，就職希望者をどう評価するかということを自分たち以外の機関に明け渡してしまっているのです。

尾川：社会が流動化し，エンプロイアビリティ（雇用保障性）を高めなければいけないのに，キャリア・パスに関する予算が下がっているというのは困りますね。

ヴァン＝マーネン：非常に問題です。

ここ 10 年は，ダウンサイズの時期でした。そして，そこで失われた働き口が復活するという傾向は，あまり見られません。この間，組織は，多くのことをアウトソーシングできるのだと学習してきました。トレーニングもそうですし，専門的な技術の習得もそうです。社会化も同様に，組織外の機関で行われ，組織内にもたらされるものになっています。

尾川：そのような流れの中で職を失ってしまった／得られなかった若者の社会的コストという問題については，どのように考えておられますか？

ヴァン＝マーネン：政府がその責務を負うべきですが，なされていません。

社会的な変化についてもそうです。晩婚化し，自立せずに家にいる期間が長くなり，教育にかける期間も長くなってきています。

尾川：そうすると，キャリア・カウンセラーの使命も，カウンセリングというより，たくましく生きていくための教育のようなものに変わっていくのでしょうか。

ヴァン＝マーネン：興味深いご質問ですね。私としては，キャリア・カウンセラーの役割もセラピスト的なものに変わってきていると思います。個人が，自分でどうすることもできないような絶望的な状況も含めた，より幅広い状況を理解できるように援助する役割が求められているのだと思います。

尾川：教育予算の削減や教育の長期化により，従来社内で行ってきた教育が急速に減ってきている，またはアウトソーシングすることが増えてきているという傾向は，キャリア・パスを考える際に避けて通れない問題となってきています。そのため，キャリア・マネジメントということを，社会も個人も考えていく仕組みが必要になっているといえるでしょう。

ヴァン=マーネン：全く同感です。それについては，実際にはまだ十分に考えられてきていません。

　ザイトリンさんはよくご存知でしょうが，例えばアメリカでは，キャリア・コーチやリーダーシップ・コーチといった職業が増加しています。彼らは独立した事業主として，失業者や組織内での次のポジションを考えている人たちを相手に仕事をしています。組織内でキャリア・コーチングを行うことは，ほとんどなくなっているのです。

　加えて，個人は組織内で行われるキャリア・コーチングを信用していません。制度に対する不信，組織に対する不信は増大していっています。

心の安息地を与えるために

尾川：現代には仕事場にも家庭にもセキュアド・ベース（心の安息地）がないように感じます。私たちはキャリア・カウンセラーとして，クライアントにどのような安息地を与えればよいのでしょう。

シャイン：それぞれの件によるので，一般的に「どうしたらよいか」ということはお答えできませんが，私がキャリア・カウンセラーにアドバイスできることがあるとすれば，「学習者であれ」ということです。クライアントの経験から学ぶということを，まず心がけて下さい。

ザイトリン：仕事の性質の変化が，人々の安心感に影響を与えているのだと思います。その結果が，試練になり，また大きなチャンスにもなっています。

　ただ，外との関係でそれを体験することが，私たちの文化ではどんどん困難になっていっています。そのため，安定感や自己肯定感を得るために，自分自身そのものが，自分のしている仕事よりも大切な存在なのだという考え方が，重要になっていくでしょう。その事実を心情的に肯定するのが，カウンセラーの仕事の1つだと思います。

ヴァン=マーネン：仕事というものは，本来は自分自身の表れ——どのような友人を持って，どこに住んで，といった，人生の中での重要な選択すべての表れ——であるべきですが，それがかなり変わってきているのだと思いま

す。なかなか仕事が見つからなかったり，本当はもっと意味のある仕事をしたいのに毎日つまらないことの繰り返しに甘んじたりしている状況のために，そのような本来の仕事の姿を実現しづらくなっていっているのです。

シャイン：私は，全世界的にマネジメントの意味が変わってきていることを，懸念しています。マネジメントが人を管理するという意味合いを失い，地位的なものになってきているのです。

西欧でマネジャーに昇進すると，部下に指示を出せる立場になったのだと言われる一方で，実際の仕事は仕事の計画や編成，監督が主になります。その結果，従業員の意識調査を行うと，マネジャーとの交流がない，マネジャーが自分たちの言うことに耳を傾けてくれないといった不満がよく見られます。

ですから，キャリア・カウンセラーにアドバイスをするとすれば，マネジャーには，キャリアを気にかけるよりも，もっと部下の声を聞くように勧めるべきだということです。従業員はマネジャーに不満があれば転職することもできますが，組織にとってはそのような状況は効率化の損失を意味しますし，社会にとっても打撃です。

ヴァン＝マーネン：私たちは，リーダーシップというカルト信仰によって，マネジャー無き時代に生きています。もはやリーダーしかいません。

シャイン：もちろんリーダーはビジョンを持って将来を見通していくべきなのですが，いかんせん，どのリーダーも部下に気を配るということをしないのです。

リーダーシップ信仰からの脱却を

尾川：マネジャーにもっと部下の意見を聞くようにしてもらいたいということや，リーダーシップというカルトがマネジメントに取って代わっているという視点からのお話がありました。

今，サンノゼ州立大学では，グローバル・リーダーシップについてのプログラムを行っています。その中での話を聞くと，海外派遣されたマネジャー

が，現地の従業員の意見を聞き入れなかったり，リーダーシップに偏重して
いる場合は，やはりうまくいかないようです。海外派遣されたマネジャーに
はもっと現地の声を聞いていただきたいし，リーダーシップ信仰を止めてい
ただきたいと思うのですが，よい大学の MBA を出ている人ほどそれが難し
いようです。結果として，発展途上国のサスティナビリティにも貢献できて
いないなと感じました。

ヴァン＝マーネン： 私は MIT の経営大学院で，まさに，「グローバル・リー
　ダーシップ・アンド・イノベーション」というプログラムを教えています
　（笑）。この名称は私が付けたわけではありませんが。

　　このプログラムの卒業生はエリート中のエリートで，まさに尾川さんが言
　われたような特権意識を持っています。また，シャイン先生のご指摘のよう
　に，部下に「これをこのようにやれ」といった言い方をするのです。私は，
　教え子たちに，"I don't know" という言葉を口にできるようになる大切さを
　教えようと努力しているのですが……。

ザイトリン： このようなことは，私が夫婦間や家族間のコンサルタントをする
　際にも，最も大きな問題になっています。

　　人の意見を聞くことができないということは，私たちの時代における最も
　深刻な問題なのかも知れません。ですから，今日このような場で，私たちが
　お互いの発言にしっかりと耳を傾けあっているということは，本当に素晴ら
　しいことです。

日本の変化：キャリアの不連続

尾川： 日本では，少子高齢化が急速に進み，中高年がどのように働いて社会を
　支えていくかということが，大きな問題になってきています。その世代は，
　日本の高度成長期を経験してきた世代である一方で，「保障」や「安定」と
　いったものに慣れ親しんできた世代であり，自分のキャリアが不連続になる
　ということをあまり経験したことがありません。日本の場合，高度成長期の
　影響もあり，また徴兵制もないため，自分のキャリアが不連続になるかもし

れないということを前提に考える意識が低く，そういったことに対処する訓練もなされてきませんでした。

　しかし，今やその状況が変わり，不連続という可能性も含めて自分のキャリアを考えることが求められています。つまり，社会の中に入っていって仕事を創造するとか，新しい環境でどのように自分の仕事を継続していくかといったことを考えなくてはならず，環境といったものと関わらざるを得ない状況なのです。

ヴァン＝マーネン：継続的なキャリアというものが，一種の例外になってしまったということでしょうね。世界経済が急速に発展した20〜30年間は，市場の需要に対し労働力が不足していた状況でしたが，いまや同じ生産性をより少ない人員でまかなうことができるようになりました。

　IT技術や監視システムによって，より少ない人々が，より多くの人々を管理するようになっているということが，私の心配の種です。何かデータがあるわけではありませんが，この10年間で管理の範囲というものが非常に大きくなってきたということは断言できます。このことが社会の中での不平等を増大させています。最近は多くのアメリカ人が，安価で，誰でも受講することができるオンラインの大規模教育を受けていますが，ここで学位を取ることにあまり意味はありません。ハーバードのようなエリート校へ行けるのは，ほんの一握りであり，この不平等は続いていきます。残りの人々は，契約社員や，プロジェクトベースの短期契約の仕事をするしかありません。

どのキャリア・アンカーにも価値がある

ヴァン＝マーネン：このような中で，私が問題視しているのは，ある種のアンカーが恥ずかしいもののように思われてしまうことです。アメリカでは，野心を持って革新を起こしていくことにステータスが認められがちなので，保障・安定のアンカーであると表明しづらい雰囲気があります。

　私が『キャリア・マネジメント』で伝えたかったのは，これらすべてのアンカーが，個人にとっても，より大きな社会にとっても，非常に価値のある

ものだということです。

シャイン：すべてのアンカーが。

ヴァン＝マーネン：ええ，すべてのアンカーが。

ザイトリン：過日，ラジオでこんな質問を耳にしました。「飛行機による移動と，インターネット，世界をより大きく変えたのはどちらだろうか？」と。

　私は，その答えを知りません。ただ，インターネットが自国の文化圏を離れなくても済むのに比べ，飛行機に乗り外国へ赴いた場合は，一旦異文化を体験してから，それぞれの文化圏へ帰っていくという違いがあります。

　私はアメリカ人として，アメリカの文化が失われていくという危機を経験した証人でもあります。このような潮流が日本では起こらないことを願います。アメリカは，人類の歴史の中で最も豊かな国かもしれませんが，最も幸せな国とはかけ離れています。アメリカ人は，お互いを敵対している相手だと思っているのです。競争相手，もしくは文字通り「敵」だと思っています。そのような考え方を克服し，同じ悩みを持った同じ人間だと思えるようになれればよいと思います。

　日本の皆さんとお話しする機会を持ち，私がいたく感銘を受けたのは，皆さんが，私たち講師に対してはもちろん，皆さん方同士も，非常に礼儀正しく丁寧に接しているということです。この会合が，そのような皆さんの美点をさらに深めるものになればと願っています。皆さん方の素晴らしさに触れることは，私の成長にも繋がったと感じています。

　本当にありがとうございました。

ヴァン＝マーネン：ザイトリンさんのお話に非常に感銘を受けました。日本のキャリア・カウンセラーの皆さんは，職業的な文化として，お互いやクライアントに対し，礼儀正しく接しているのでしょう。この組織文化，職業的文化は，これから先も引き継がれていくのだと思います。

　私たちは，皆さん方からたくさんのものを得ました。皆さんの健闘を祈ります。

尾川：「どのアンカーも大切だ」という言葉は非常に印象的です。どのアンカーがよくて，どのアンカーはよくないといったことを，ついつい思ってし

まいがちです。

　日本では伝統的には安全・保障が重視されてはいますが，現代の状況から考えると，チャレンジや創造といったアンカーも非常に求められているように思います。先ほど丁寧さが日本人の美点だと言っていただきましたが，それとは異なるアンカーもやはり大事なのだと分かりました。そのことを理解していただくためにも，日本の方々に是非この本を読んでいただきたいと思います。

ヴァン＝マーネン：私もそう願っています。

尾川：また，個人のキャリアは，企業文化の基本的想定やより広い社会的文脈からの影響の下にあり，キャリア・アンカーもまた例外ではありません。本日のお話のような，社会学的なマクロの視点を持ってキャリア・マネジメントを考えるということは，世の中の急激な変化に伴い，今後ますます重要になっていくでしょう。本書の姉妹本となる「シャイン博士が語る」シリーズの第2弾（白桃書房）では，このようなマクロ的視点に基づく人的資源管理（HR）とキャリア開発について，シャイン先生により詳しくお話しいただいています。日本の皆さんには，是非こちらも合わせて読んでいただきたいと思います。

　本日は，ありがとうございました。

＊1　Schein, E. H. & Van Maanen, J. *Career Anchors: The Changing Nature of Careers—Facilitator's Guide* (4th Edition), Wiley, 2013.
エドガー H. シャイン＆J. ヴァン＝マーネン『キャリア・マネジメント：ファシリテーター・ガイド』木村琢磨監訳，尾川丈一・藤田廣志訳，白桃書房，2015。

＊2　Hall, D. T. *The Career Is Dead—Long Live the Career: A Relational Approach to Careers.* Jossey-Bass, 1996.
ダグラス T. ホール『プロティアン・キャリア：生涯を通じて生き続けるキャリア—キャリアへの関係性アプローチ』尾川丈一・梶原誠・藤井博・宮内正臣訳，亀田ブックサービス，2015。

＊3　Bailyn, L. *Breaking the Mold: Redesigning Work for Productive and Satisfying Lives.* ILR Press, 2006。
L. ベイリン『キャリア・イノベーション—私生活の充実が未来をひらく』三善勝代訳，白桃書房，2011。

著者紹介

エドガー H. シャイン (Edger H. Schein)

1947年　シカゴ大学社会学部卒業（アービン・ゴフマンに師事）

1949年　スタンフォード大学大学院社会心理学研究科修士課程修了（ハリー・ヘルソンに師事）

1952年　ハーバード大学大学院社会関係研究科博士課程修了（ゴードン・オルポートに師事）

William Alanson White Institute（NY ネオ・フロイト派社会精神分析研究所）Post-Doctoral Program 修了（フリーダ・フロム-ライヒマン（Frieda Fromm-Reichmann）に教育分析を受ける）。

NTL（National Training Laboratory）で，T-グループに，ウォレン・ベニスと初期から関与。

クルト・レビン（MIT Group Dynamics Research Center）やダグラス・マクレガー（MIT Sloan School，学部長），リチャード・ベックハード（MIT Sloan School，特任教授）から強い影響を受け，Addison-Wesley の OD Series の監修者の一人となる。

人間と人間のインターフェースとして，「組織心理学」という新しいパラダイムを提示。また，人間と機械のインターフェースの提唱者。ニコラス・ネグロポンテ（MIT Media Lab 所長）とは，昵懇の間柄である。

現在，MIT Sloan School Professor Emeritus

[著書]（邦訳されたものに限る）:

『組織心理学』（松井賚夫訳，岩波書店，1966年）

『リーダーシップ』（共著:高橋達男訳，産業能率短期大学出版部，1967年）

『T-グループの実際:人間と組織の変革 I』『T-グループの理論:人間と組織の変革 II』（共著:伊藤博訳，岩崎学術出版，1969年）

『アジソン-ウェズレイ・OD シリーズ:第2巻:職場ぐるみ訓練の進め方』（高橋達男訳，産業能率短期大学出版部，1972年）

『キャリア・ダイナミクス』（二村敏子・三善勝代訳，白桃書房，1991年）

『新しい人間管理と問題解決』（稲葉元吉・稲葉祐之訳，産業大学出版部，1993年）

『プロセス・コンサルテーション』（稲葉元吉監訳，尾川丈一訳，白桃書房，2002年）

『キャリア・アンカー』（金井壽宏訳，白桃書房，2003年）

『キャリア・サバイバル』（金井壽宏訳，白桃書房，2003年）

『企業文化―生き残りの指針』（金井壽宏監訳，尾川丈一・片山佳代子訳，白桃書房，2004年）

『DEC の興亡』（共著:稲葉元吉・尾川丈一監訳，亀田ブックサービス，2007年）

『キャリア・アンカー:セルフ・アセスメント』（金井壽宏・高橋潔訳，白桃書房，2009年）

『人を助けるとはどういうことか』（金井壽宏監訳，金井真弓訳，英治出版，2009年）

『組織文化とリーダーシップ』（梅津祐良・横山哲夫訳，白桃書房，2012年）

『組織セラピー』（共著:尾川丈一・稲葉祐之・木村琢磨訳，白桃書房，2013年）

『キャリア・マネジメント―変わり続ける仕事とキャリア』（共著:木村琢磨監訳，尾川丈一・

清水幸登・藤田廣志訳，白桃書房，2015 年)

『企業文化［改訂版］—ダイバシティーと文化の仕組み』(尾川丈一監訳，松本美央訳，
2016 年)

尾川丈一 (おがわ・じょういち)

1982 年　慶應義塾大学経済学部卒業

1986 年　慶應義塾大学文学部人間関係学科心理学専攻卒業

1993 年　慶應義塾大学大学院社会学研究科後期博士課程社会学専攻（所定単位取得退
学)

1991 年 9 月— 1992 年 8 月　スタンフォード大学医学研究科行動科学教室（MRI）
Research Fellow

2003 年 9 月— 2005 年 8 月　William Alanson White Institute Post-Doctoral Program

2009 年　神戸大学大学院経営学研究科後期博士課程マネジメント専攻（所定単位取得
退学)

現　在　Process Consultation Inc. (USA), CEO
Stanford University, Clark Center, Bio-Robotics Institute, Visiting Scientist

［著　書］

『イマージェント・リーダー』(亀田ブックサービス，2010 年)

『心理療法入門』(分担執筆：金子書房，1993 年)

『ブリーフ・セラピー入門』(分担執筆：金剛出版，1994 年)

『マルチメディア社会システムの諸相』(分担執筆：日科技連出版社，1997 年)

『解決志向ブリーフ・セラピーの実際』(分担執筆：金剛出版，1997 年)

The Organizational Therapy (分担執筆：Alternative Views Publishing, 2009)

［訳　書］

マンフレッド K. ブリース他著『神経症組織−病める企業の診断と再生』(共訳：亀田ブ
ックサービス，1995 年)

リチャード・バンドラー他著『魔術の構造』(共訳：亀田ブックサービス，2000 年)

エドガー H. シャイン著『プロセス・コンサルテーション—援助関係を築くこと—』(共
訳：白桃書房，2002 年)

ハリー・アルダー著『部下を持つ人のための NLP（神経言語プログラミング)』(共訳：
東京図書，2005 年)

ダニー・ミラー著『イカロス・パラドックス—企業の成功・衰退・及び復活の力学—』(共
訳：亀田ブックサービス，2006 年)

エドガー H. シャイン著『DEC の興亡』(共訳：亀田ブックサービス，2007 年)

エドガー H. シャイン他著『組織セラピー—組織感情への臨床アプローチ—』(共訳：白
桃書房，2014 年)

エドガー H. シャイン他著『キャリア・マネジメント—変わり続ける仕事とキャリア—』
(共訳：白桃書房，2015 年)

ダグラス T. ホール著『プロティアン・キャリア：生涯を通じて生き続けるキャリア—

キャリアへの関係性アプローチ—』（監訳：亀田ブックセンター，2016 年）
エドガー H. シャイン著『企業文化［改訂版］—ダイバーシティと文化の仕組み—』（監訳：白桃書房，2016 年）

石川大雅 （いしかわ・たいが）

1969 年　東京農業大学農学部卒業
1969 年　トーアエイヨー株式会社
1990 年　アークインターナショナル株式会社
1992 年　株式会社ビジネスコンサルタントを経て 1998 年に独立
現　在　株式会社プロ・アライブ 取締役会長
　　　　脳科学モデリング研究所代表

［著　書］
『心理学的アプローチ NLP による、提案型営業のすべて』（監修：近代消防社，2001 年）
『メンタリングによるセールスコーチングのすべて』（近代消防社，2001 年）
『思い込みを捨てれば人生が変わる』（監修：生産性出版，2010 年）
『できないことがなくなる技術〜 Brain Copy Technique 〜』（中経出版，2012 年）
『自分に合った脳の使い方』（フォレスト出版，2016 年）

［訳　書］
リチャード・バンドラー他著『魔術の構造』（共訳：亀田ブックサービス，2000 年）

訳者紹介

松本美央 （まつもと・みお）

1999 年　筑波大学第一学群人文学類卒業

［訳　書］
エドガー H. シャイン著『企業文化［改訂版］—ダイバーシティと文化の仕組み—』（白桃書房，2016 年）

小沼勢矢 （こぬま・せいや）

2011 年　神田外語大学外国語学部卒業
2011 年　株式会社トータルサービス
2012 年　株式会社ハート・ネット
2015 年　株式会社プロ・アライブ代表取締役就任，現在に至る

▧ シャイン博士が語る キャリア・カウンセリングの進め方
―〈キャリア・アンカー〉の正しい使用法―

▧ 発行日―― 2017年1月16日　初 版 発 行　　　　　〈検印省略〉
　　　　　2021年9月26日　第3刷発行

▧ 著　者――エドガー H. シャイン
　　　　　尾川　丈一
　　　　　石川　大雅

▧ 発行者――大矢栄一郎

▧ 発行所――株式会社　白桃書房
　　　　　〒101-0021　東京都千代田区外神田5-1-15
　　　　　☎03-3836-4781　📠03-3836-9370　振替00100-4-20192
　　　　　http://www.hakutou.co.jp/

▧ 印刷・製本――藤原印刷

© Process Consultation Inc.（Japan）2017　Printed in Japan
ISBN 978-4-561-24690-9 C3034

本書のコピー，スキャン，デジタル化等の無断複製は著作権法上での例外を除き禁じら
れています。本書を代行業者等の第三者に依頼してスキャンやデジタル化することは，
たとえ個人や家庭内の利用であっても著作権法上認められておりません。

ⒿCOPY 〈㈳出版者著作権管理機構　委託出版物〉
本書の無断複写は著作権法上での例外を除き禁じられています。複写される場合は，
そのつど事前に，㈳出版者著作権管理機構（電話03-5244-5088，FAX03-5244-5089，
e-mail : info@jcopy.co.jp）の許諾を得てください。
落丁本・乱丁本はおとりかえいたします。

好 評 書

E.H.シャイン著　尾川丈一監訳　松本美央訳
企業文化［改訂版］　本体3500円
—ダイバーシティと文化の仕組み—

E.H.シャイン編著　尾川丈一・稲葉祐之・木村琢磨訳
組織セラピー　本体2315円
—組織感情への臨床アプローチ—

E.H.シャイン著　金井壽宏訳
キャリア・アンカー　本体1600円
—自分のほんとうの価値を発見しよう—

E.H.シャイン著　金井壽宏訳
キャリア・サバイバル　本体1500円
—職務と役割の戦略的プラニング—

E.H.シャイン著　二村敏子・三善勝代訳
キャリア・ダイナミクス　本体3800円

E.H.シャイン，J.ヴァン=マーネン著　木村琢磨監訳
尾川丈一・清水幸登・藤田廣志訳
キャリア・マネジメント —変わり続ける仕事とキャリア—
セルフ・アセスメント　本体800円
パーティシパント・ワークブック　本体3000円
ファシリテーター・ガイド　本体3500円

—————— 白 桃 書 房 ——————

本広告の価格は消費税抜きです。別途消費税が加算されます。